STEPHEN MITFORD GOODSON

ISTORIA BĂNCI CENTRALE ȘI A ASERVIRII UMANITĂȚII

OMNIA VERITAS

STEPHEN MITFORD GOODSON
(1948 – 4 august 2018)

Stephen Mitford Goodson a fost un bancher, autor și om politic sud-african. A făcut parte din consiliul de administrație al Băncii Centrale a Africii de Sud (2003-2012) și a fost liderul Partidului pentru Abolirea Impozitului pe Venit și a Cămătăriei. Cunoscut pentru criticile sale virulente la adresa sistemului bancar central, a cametei și a finanțelor internaționale, este autorul mai multor cărți, printre care *A History of Central Banking and the Enslavement of Mankind*. Teziile sale revizioniste și controversate i-au adus acuzații de antisemitism.

A History of Central Banking
and the enslavement of mankind

Istoria Bănci Centrale
și a aservirii umanității.

Tradus din limba engleză și publicat de
OMNIA VERITAS LTD

OMNIA VERITAS®

www.omnia-veritas.com

Această carte este dedicată lui Knut Hamsun,
lumina şi speranţa unei ordini a lumii naturale.

Și nu veți înțelege niciodată istoria americană,
nici istoria Occidentului din ultimii 2000 de ani
dacă nu veți examina una sau două probleme;
și anume, evreii și camăta.
Una sau alta sau AMBELE. Eu aș spune ambele.

Ezra Pound

PREFAȚĂ

Conținutul acestei cărți este de natură controversată și poate genera reacții puternice, așa că nu sunt de acord cu toate punctele de vedere exprimate în ea.

Cum poate un subiect aparent atât de arid precum istoria băncilor centrale și a sistemului monetar să dea naștere la astfel de reacții? Ne putem întreba de ce unii vor condamna această lucrare ca purtând toate stigmatele ereziei, pretinzând că Stephen Goodson a ieșit din cadrul dezbaterii istorice acceptabile.

Goodson dispune de referințele și experiența necesare pentru a prezenta un subiect pe care l-a studiat ani de zile și ale cărui efecte le-a trăit personal în calitate de director neexecutiv al Băncii Centrale a Africii de Sud.

Nu am competențele necesare pentru a confirma descoperirile lui Goodson, dar sunt conștient că punctul pe care îl subliniază în legătură cu puterea bancară și sistemul monetar generat de aceasta este o componentă esențială a diferențelor inumane de distribuție a bogăției în cadrul unei țări, precum și între toate țările.

Din acest motiv, de mai mulți ani, atât partidul meu, cât și eu însumi am susținut că Africa de Sud ar trebui să-și reformeze Banca Centrală și sistemul monetar, chiar dacă acest lucru ar însemna să ne plasăm țara în afara unor criterii mondiale inechitabile.

Cărțile despre economie și sectorul bancar sunt, în general, considerate obscure. Cititorii lor provin în principal din mediul academic și din lumea afacerilor. Această carte constituie o excepție notabilă.

Această lucrare oferă nu numai o privire de ansamblu asupra istoriei economiei pe parcursul a peste trei milenii, ci și perspective asupra modului în care problema cametei a permis reducerea treptată a umanității la sclavie, încă de la originile existenței sale civilizate.

Unii vor fi șocați să realizeze că băncile centrale din întreaga lume, inclusiv propria noastră South African Reserve Bank, nu sunt în serviciul interesului general, ci acționează exclusiv în beneficiul instituțiilor bancare private. Acest lucru nu numai că ne subminează suveranitatea, dar ne privează și de mijloacele de a recurge la o monedă emisă public, fără datorii; aparținând astfel poporului suveran ca mijloc propriu de schimb de bunuri și servicii.

În schimb, în țara noastră, ca și în multe altele, folosim monedă privată produsă prin datorii de către sectorul bancar privat. Trecerea de la bancnote la bilete de stat ar permite poporului nostru să aibă acces la o viață decentă, prosperă și durabilă. Dar o reformă atât de simplă ar constitui o adevărată revoluție, mai dificil de realizat decât orice altă reformă sau schimbare socială realizată până acum.

Deși Africa de Sud a redobândit aparent libertatea în 1994, în interiorul țării, cu excepția unei mici minorități de antreprenori negri și albi, majoritatea populației nu a obținut niciun beneficiu și nici cea mai mică prosperitate și, mai mult, nu a reușit să-și atingă potențialul latent, în principal din cauza sistemului nostru monetar defectuos. Dacă vrem să atingem adevărata libertate, este imperativ ca o reformă monetară să fie întreprinsă cu aceeași vigoare și intensitate ca cele folosite pentru reformele politice în anii de luptă. Dar acest lucru necesită înțelegerea problemei complexe a modului în care este creat banii, cui aparține și ce interese servește.

În această carte, Goodson nu numai că evocă mai multe încercări reușite ale diferitelor state de a renunța la sistemul băncilor private, dar prezintă și un proiect care răspunde la multe dintre problemele noastre sociale, precum lipsa creșterii economice, rata ridicată a șomajului și declinul serviciilor publice.

Deși este cu siguranță controversat, este o carte care dă de gândit și pe care sud-africanii ar trebui să o citească ca sursă de inspirație pentru acțiunea politică.

În discursul său ținut în fața Asociației Presei Americane la 27 aprilie 1961, președintele John F. Kennedy a declarat: „Fără dezbatere, fără critică, niciun guvern și nicio țară nu pot avea succes – și nicio republică nu poate supraviețui. De aceea, legiuitorul atenian Solon a decretat că este o crimă ca un cetățean să se abțină de la orice controversă."

Prințul Mangosuthu Buthelezi, deputat.
Președinte al Partidului Inkatha pentru Libertate,
Republica Africa de Sud.

26 iunie 2013

INTRODUCERE

Istoria este materia cea mai importantă din orice sistem educațional, depășind în importanță științele și disciplinele umaniste. În esența sa, ea cuprinde cultura, tradițiile, credințele, etosul și *rațiunea de a fi* necesare pentru continuitatea fiecărui popor. Dacă istoria este compromisă de falsificări și omisiuni, impuse adesea de străini, atunci civilizația se degradează și, în cele din urmă, se prăbușește, așa cum putem observa prin dezintegrarea lentă a civilizației occidentale începând cu 1945. George Orwell a exprimat un sentiment similar în romanul său *1984*, când scrie: „cel mai eficient mod de a distruge un popor este de a-i nega și de a-i șterge propria înțelegere a istoriei".

Winston Churchill a remarcat odată că, cu cât ne întoarcem mai departe în istorie, cu atât lucrurile devin mai clare și mai evidente. Folosind această tehnică, autorul speră că toate îndoielile pe care cititorul le-ar putea avea cu privire la analiza și exegeza sa asupra evenimentelor din istoria modernă vor fi atenuate, dacă nu chiar eliminate în totalitate.

Pentru ca orice națiune/stat/societate/comunitate să-și păstreze suveranitatea deplină asupra independenței sale în gestionarea propriilor afaceri, controlul absolut asupra mijloacelor pe care le folosește pentru a schimba bunuri și servicii trebuie să rezide în organele care reprezintă poporul și nu trebuie niciodată delegat unor indivizi sau grupuri de interese private.

De-a lungul istoriei cunoscute, perioadele în care statul a exercitat controlul asupra emisiunii monetare au fost întotdeauna sinonime cu epoci de prosperitate, pace, îmbogățire culturală, ocupare deplină a forței de muncă și inflație zero. Pe de altă parte, atunci când bancherii privați uzurpă controlul asupra creării monetare, rezultatele inevitabile sunt cicluri recurente d ă de sărăcie și prosperitate, şomaj, inflaţie endemică, precum şi un proces gigantic şi crescând de transfer al bogăţiei şi al puterii politice în mâinile acestei mici clique, care controlează acest sistem monetar de exploatare. În trecut, atunci când aceşti bancheri centrali au trebuit să facă faţă opoziţiei naţiunilor care căutau restaurarea unui sistem monetar onest, aceşti bancheri paraziţi au provocat invariabil un război „patriotic" pentru a-şi învinge „duşmanul" atât de denigrat. Acesta este punctul comun al tuturor războaielor de cel puţin 300 de ani.

Această carte oferă o privire de ansamblu asupra modului în care bancherii privaţi, încă din cele mai vechi timpuri, au abuzat de sistemul monetar, fie că este vorba de monede din metale preţioase, bancnote, cecuri sau monedă electronică, creând din nimic o datorie purtătoare de dobândă pentru a-şi aroga puterea supremă. De asemenea, prezintă o analiză atât istorică, cât şi contemporană a societăţilor şi civilizaţiilor care au înflorit într-un mediu lipsit de povara cametei.

Soluţia este simplă şi evidentă. Dacă vrem să ne recâştigăm libertatea şi să ne păstrăm suveranitatea în afara sclaviei impuse de bancherii privaţi, trebuie să demontăm sistemul lor bancar de rezerve fracţionare şi reţeaua formată de băncile centrale, altfel vom fi noi înşine distruşi şi condamnaţi la uitare.

Stephen Mitford Goodson

Iunie 2013.

CAPITOLUL I

CUM A DISTRUS CAMĂTA IMPERIUL ROMAN

Banii, fiind un lucru în mod natural steril, a-i face să crească din ei înșiși este o absurditate și o pervertire a rolului lor inițial, care este acela de a servi schimbului și nu creșterii... Trebuie să-i urâm pe oamenii care se numesc bancheri, pentru că se îmbogățesc fără să facă nimic.

- Aristotel, *Politica*

Sistemele monetare din epoca romană (753 î.Hr. – 565 î.Hr.) pot fi împărțite în trei perioade distincte, în care unitățile de măsură din trei metale diferite au fost utilizate ca mijloc de schimb pentru bunuri și servicii. Deși există dovezi care atestă că ocuparea umană modernă (*Homo sapiens sapiens*) pe situl Romei datează de acum 14.000 de ani (cu neandertali care trăiau în acel loc de 140.000 de ani), Roma, ca oraș, este cunoscută în mod tradițional ca fiind fondată de Romulus și Remus în 753 î.Hr. în vecinătatea Muntelui Palatin, o regiune numită și Latium. Conform legendei, Romulus (care și-a ucis fratele Remus) a devenit primul său suveran, dar și-a împărțit mai târziu tronul cu Titus Tatius, conducătorul sabinilor.

În jurul anului 600 î.Hr., Latium a trecut sub stăpânirea etruscilor. Această dominație a durat până când ultimul rege, Tarquin cel Mândru, a fost alungat în 509 î.Hr. și s-a înființat Republica Romană. Etruscii, un popor de origine ariană, au creat una dintre cele mai avansate civilizații ale acelei epoci și au construit drumuri, temple și numeroase clădiri publice în Roma.

Prima monedă de schimb utilizată la Roma a fost vitele. Nu era vorba de o monedă propriu-zisă, ci de un sistem de troc. Multe popoare primitive foloseau vitele ca mijloc de schimb. Conform legendei lui Hercule și a grajdurilor lui Augias, vitele crescute acolo, peste 1000 de capete, reprezentau comoara regelui Augias.

EPOCA BRONZULUI (-753 -267 Î.HR.)

Cu timpul, romanii au început să folosească, în locul vitelor, blocuri neregulate de cupru sau bronz. Aceste blocuri erau numite *aes rude* (metal brut) şi trebuiau cântărite pentru fiecare tranzacţie.

Odată cu creşterea comerţului, Roma a devenit unul dintre cele mai prospere oraşe ale lumii antice. Această prosperitate se baza pe cupru nemonetizat şi, mai târziu, pe bronz, valoarea acestor metale fiind măsurată în funcţie de greutate, conform unui sistem de unităţi fixe. Acestea erau emise de Trezoreria Romană sub formă de lingouri cântărind 1,6 kg, cu garanţia deplină a statului, şi erau denumite *aes signatum* (metal ştampilat), deoarece erau ştampilate de guvern cu o reprezentare a unei vaci, a unui vultur, a unui elefant sau a altor imagini. Uneori, erau realizate sub forma unei scoici de Sfântul Iacob. În 289 î.Hr., aceste lingouri au fost înlocuite de monede discoidale din bronz denumite *aes grave* (metal greu). Ele reprezentau moneda naţională, erau puse în circulaţie de către stat şi fiecare, rară sau nu, avea doar valoarea simbolului sub care era înregistrată. »[1] Această monedă se baza astfel pe lege mai degrabă decât pe conţinutul său metalic (deşi acest conţinut era standardizat, iar monedele aveau în sine o valoare intrinsecă, spre deosebire de majoritatea monedelor de astăzi). Acest lucru poate fi considerat un exemplu primitiv de utilizare reuşită a unei monede fiduciare.

Deşi moneda fiduciară este foarte criticată în cadrul anumitor curente de gândire, de exemplu de către discipolii economistului austriac Ludwig Von Mises,[2], ea nu pune nicio

[1] David Astle, *The Babylonian Woe*, Omnia Veritas Ltd, 2015. Acest sistem prezintă multe similitudini cu cel al *pelonorilor* sau lingourilor de fier, care erau folosite de spartani ca bază a sistemului lor monetar.

[2] Ludwig Von Mises (1881-1973) este unul dintre liderii şcolii austriece de economie şi un aprig apărător al standardului aurului.

problemă, atâta timp cât este emisă de guvern și nu de bancherii privați și rămâne protejată împotriva falsificării. În schimb, moneda ne-fiduciară prezintă următorul dezavantaj: cei care stabilesc prețurile aurului și argintului, adică bancherii privați, pot controla economia națiunii.

Monedele romane de bronz *Aes Grave* – 241 – 235 î.Hr.

Până în anul 300 î.Hr., a avut loc o creștere fără precedent a averii private și publice a romanilor. Acest lucru poate fi măsurat prin câștigul teritorial. După sfârșitul celui de-al Doilea Război Latin în 338 î.Hr. și înfrângerea etruscilor, Republica Romană și-a mărit suprafața, de la 5.525 km^2la 26.805 km^2,adică 20% din Peninsula Italiană. Odată cu această expansiune teritorială, populația a crescut de la aproximativ 750.000 la un milion, dintre care 150.000 de persoane locuiau chiar în Roma.

S-a format un parteneriat între Senat și popor, cunoscut sub denumirea de *Senatus Populusque Romanus* (SPQR, „, Senatul și Poporul Romei"). Conducătorii politici erau renumiți pentru frugalitatea și virtuțile lor oneste. Mijloacele de schimb erau strict reglementate în concordanță cu creșterea populației și a comerțului, astfel încât nu exista inflație.

Nexumul, servitutea bazată pe o datorie, în care un om liber își oferea serviciile ca garanție pentru un împrumut plus dobânzi, și în care, în caz de nerambursare, datoria trebuia onorată sub formă de muncă, a fost abolit după agitația plebeiană prin *lex*

Poetilia[3] în 326 î.Hr.

EPOCA ARGINTULUI (-267 -27 Î.HR.)

Sistemul monetar tradițional a fost distrus în 267 î.Hr., când elita patriciană a obținut privilegiul de a bate monede de argint. Această schimbare a fost simbolizată de un patrician care s-a dus la Templul Junonei Moneta (de unde provine termenul de monedă), pentru a converti un sac plin de *denari* de argint la o valoare de până la cinci ori mai mare decât valoarea lor inițială, prin simplul fapt de a bate monedele cu o nouă valoare. Astfel, el a încasat o diferență foarte substanțială pentru propriul său cont.

Prima monedă de argint romană era cunoscută sub numele de *drahmă* și era modelată după o monedă folosită în sudul peninsulei grecești. Ea a fost înlocuită mai târziu de o versiune mai mică și mai ușoară, *denarul*. Exista, de asemenea, un *semi-denar*, numit *quinarius*, și o monedă de un sfert de unitate, numită *sestertius*. Sistemul a fost ulterior înlocuit de *victoriatus*, puțin mai ușor decât *denarul* și creat probabil pentru a facilita schimburile dintre Roma și vecinii săi greci.

Rezervele de argint din Peninsula Italiană erau foarte reduse și, în consecință, armata romană a trebuit să se extindă pentru a cuceri alte teritorii care dispuneau de acestea. Țăranii romani, care asiguraseră Republicii o autonomie ă în ceea ce privește hrana, au fost recrutați în număr mare în armată. Producția agricolă, în special cea de porumb, a scăzut, iar fermele țăranilor au fost înlocuite de *latifundii*, care erau proprietăți întinse întreținute de sclavi. Grâul trebuia, de asemenea, importat din Africa de Nord.

[3] Pentru o critică implacabilă a efectelor nocive ale cametei asupra populației înainte de promulgarea *lex Poetilia*, a se vedea Tite Live, *The History of Rome*, Cartea II, traducere în engleză, William Heinemann Ltd, Londra, 1919.

Moneďa de argint a Republicii Romane, *denarul*, cu (în stânga) zeița Juno Moneta și (în dreapta) un boxer victorios.

Tensiunile legate de acordurile privind acordarea cetățeniei și a drepturilor civile între Roma și aliații săi italici au provocat Războiul Marsic (90–89 î.Hr.). Această lipsă de eliberare din sclavie a dus la fragmentarea societății romane și la alienarea cetățenilor aparținând clasei muncitoare, care erau tratați ca niște animale și care, prin urmare, nu aveau nicio responsabilitate și niciun angajament față de stat. Până la cel de-al doilea război punic (-218 -201 î.Hr.), aceștia nu aveau voie să servească în armată. Avem aici exemplul clasic al unei societăți care a fost monetizată. Republica era slăbită, iar despotismul creștea. Pirateria devenise o problemă majoră, cu raiduri care aveau loc pe coastă, vile jefuite și călători răpiți. Violența a devenit endemică, iar gangsterii și teroriștii erau activi în Roma, deoarece nu mai exista o forță de poliție care să mențină legea și ordinea. Acestea sunt consecințele inevitabile ale unei societăți în care banii au devenit cea mai înaltă etică.

Intrigile politice erau, de asemenea, la ordinea zilei în rândul elitei. Privările economice provocau nemulțumiri în rândul săracilor, care erau din ce în ce mai mult sclavi din Africa de Nord, provocând revolte sociale. Aceste tulburări au culminat cu revolta condusă de Spartacus între anii 73 și 71 î.Hr. (Prima și a doua revoltă au avut loc în anii 135 și 132 î.Hr. și între anii 104 și 100 î.Hr.)

ROLUL EVREILOR ÎN PRĂBUŞIRE

Primii evrei cunoscuţi care au ajuns la Roma în anul 161 î.Hr. au fost Yehuda şi Macchabé. Aceşti evrei romani ocupau funcţii de meşteşugari, negustori şi vânzători ambulanţi. De asemenea, se ocupau cu împrumutul de bani. Trăiau într-o comunitate distinctă, în cartiere special amenajate. Se autoguvernau conform propriilor legi şi erau scutiţi de serviciul militar.

În anul 139 î.Hr., cei care nu erau cetăţeni romani au fost expulzaţi de pretorul Hispanus pentru prozelitism, dar nu au întârziat să se întoarcă. În anul 19 d.Hr., printr-un *senatus consultum*, împăratul Tiberiu a expulzat 4.000 de evrei care fuseseră implicaţi în diverse scandaluri, dar niciuna dintre aceste expulzări nu a fost efectuată în mod corespunzător, iar prezenţa lor continuă, în special ca cămătari, avea să joace un rol semnificativ în declinul şi prăbuşirea Imperiului Roman.

Expulzarea evreilor din Roma de către împăratul Hadrian în anul 35 d.Hr., aşa cum este descrisă într-un manuscris din secolul al XV-lea din biblioteca Arsenalului din Paris.

IULIUS CEZAR

Iulius Cezar (-100 -44 î.Hr.) s-a născut într-o familie aristocratică, la 12 iulie -100 î.Hr. Era înalt, avea pielea albă și a practicat pentru scurt timp meseria de avocat înainte de a deveni un strălucit comandant militar care a cucerit Galia (Franța) între anii -59 și -52 î.Hr. După ce l-a învins pe Pompei cel Mare în anul -48 î.Hr. la Farsala, Cezar a devenit conducătorul necontestat al Republicii Romane. La întoarcerea sa în Italia, în septembrie 45 î.Hr., Cezar a găsit străzile și orașele întregi pline de oameni fără adăpost care fuseseră expulzați din locuințele și de pe pământurile lor de către cămătari și monopolisti. 300.000 de persoane trebuiau hrănite zilnic la grânarul public. Cămătăria, cu toate consecințele sale dezastruoase, era în plină expansiune.[4]

---

[4] „Democrația imperială care ținea întreaga lume sub dominația sa, de la senatori cu nume ilustre până la cel mai umil cultivator, de la Iulius Cezar până la cel mai umil negustor din străduțele Romei, toți erau la mila unui mic grup de cămătari. " Citat de G. Ferrero, *Greatness and Decline of the Roman Empire*, Vol. vi, William Heinemann Ltd, Londra, 1908, p. 223.

Forumul Roman a fost comandat de Iulius Cezar în anul 54 î.Hr. şi i-a fost dedicat în anul 46 î.Hr. Acesta era centrul Romei Antice, unde Cezar şi-a găsit sfârşitul tragic pe 15 martie 44 î.Hr.

Principalii cămătari, dintre care majoritatea erau evrei[5], practicau dobânzi de până la 48% pe an. Aşa cum remarcă filosoful Seneca (-4 î.Hr. – 65 d.Hr.) în *De Superstitione*: „Obiceiurile acestei naţiuni atât de criminale au dobândit o putere atât de mare încât au fost acceptate acum în toate ţările. Cei cuceriţi fac legea în faţa cuceritorilor."

În acea perioadă existau două partide politice principale: *Optimates,* alcătuit din nobilime, Senat şi un număr restrâns de privilegiaţi, şi *Populares,* care îi reprezenta pe cetăţenii de rând. Cezar a preluat imediat conducerea acestora din urmă.

Cezar înţelegea pe deplin răul cauzat de camătă şi ştia cum să o combată. „El înţelegea adevărul profund că moneda este un agent naţional, creat de lege într-un scop naţional, şi că

[5] Cicero, Marcus Tullius: „Încet! Încet! Nu vreau pe nimeni altcineva decât judecătorii să mă audă. Evreii mi-au creat deja destule necazuri, aşa cum le-au provocat atâtor oameni. Nu intenţionez să le mai dau apă la moară. " Citat de W. Grimstad, *Antizion,* Noontide Press, Torrance, California, 1985, 29. Ciceron a fost avocatul apărării în procesul lui Flaccus, un funcţionar roman care se amestecase în transporturile de aur pe care evreii le transferau către cartierul lor general internaţional situat (atunci ca şi acum) la Ierusalim. Cicero însuşi nu era o persoană oarecare, iar faptul că cineva de talia sa a trebuit să „vorbească cu blândeţe" arată că se afla în prezenţa unei sfere de influenţă extrem de periculoase. În acest caz, ne putem întreba cine erau adevăraţii persecutori.

niciunei adunări de oameni nu ar trebui să i se permită să o retragă din circulație pentru a provoca panică, astfel încât speculatorii să-și mărească rata dobânzilor sau să poată cumpăra proprietăți la prețuri reduse după astfel de perioade de criză."[6]

El a pus în aplicare următoarele reforme sociale:

1) Rambursarea împrumuturilor imobiliare s-a făcut pe baza celei mai scăzute evaluări cunoscute înainte de războiul civil. (-49 – -45 î.Hr.)

2) Au fost acordate mai multe amnistii privind plata chiriei.

3) Un număr mare de cetățeni săraci și de veterani au primit parcele de teren.

4) S-a oferit locuință gratuită unui număr de 80.000 de familii sărace.

5) Salariul soldaților a fost majorat de la 123 la 225 *de denari.*

6) Impozitul pe porumb a fost reglementat.

7) Comunitățile provinciale au fost emancipate.

8) Confuzia legată de calendar a fost rezolvată prin stabilirea duratei acestuia la $365^1/_4$ zile începând cu 1 ianuarie -44 î.e.n.

Reformele sale monetare au fost următoarele:

1) Datoria statului a fost redusă imediat cu 25%.

2) Controlul asupra batere monedei a fost transferat de la patrici (cămătari) la guvern.

3) Au fost emise monede de mică valoare c ul mijloc de schimb.

4) S-a decretat că dobânzile nu puteau depăși 1% pe

[6] T. E. Watson, *Sketches from Roman History*, The Barnes Review, Washington, DC, 2011 (publicat pentru prima dată în 1908), p. 84-85.

lună.

5) S-a decretat că nu se pot percepe dobânzi asupra altor dobânzi și că dobânzile totale cumulate nu pot depăși niciodată suma capitalului împrumutat inițial. (regula *in duplum*)

6) Sclavia ca mijloc de plată a datoriilor a fost abolită.

7) Aristocrații au fost obligați să-și utilizeze capitalul în loc să-l acumuleze.

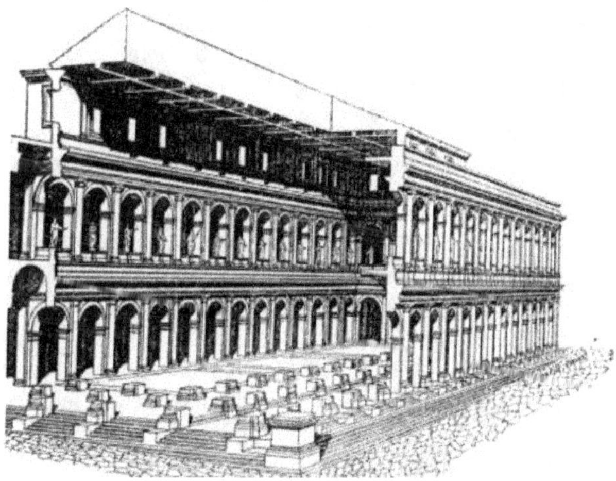

Bazilica Julia era palatul de justiție roman din cadrul Forumului, dedicat lui Iulius Cezar în anul 46 î.Hr.

Aceste măsuri i-au înfuriat pe aristocrați și pe plutocrați, a căror „sursă de venit" a fost sever restricționată. Astfel, aceștia au conspirat pentru a-l asasina pe Cezar, eroul poporului. În acea dimineață fatală de 15 martie 44 î.Hr., la doar patru ani după ce fusese investit cu puteri depline, el a pătruns în clădirea Senatului fără arme, după ce își trimisese acasă garda militară de care obișnuia să se înconjoare. Înconjurat de 60 de conspiratori, a fost înjunghiat de 23 de ori până la moarte.

EPOCA DE AUR (27 Î.HR. – 476 D.HR.)

În anul 27 î.Hr., la scurt timp după moartea lui Cezar (şi divinizarea sa), romanii au adoptat etalonul aur; o decizie care urma să aibă repercusiuni asupra stabilităţii financiare a imperiului şi să contribuie direct la ruinarea acestuia. Anterior, pe vremea Republicii Romane, monedele de aur erau emise doar în caz de strictă necesitate, cum ar fi în timpul celui de-al doilea război punic sau al campaniei lui Sulla. În Europa existau puţine mine de aur, cu excepţia unor locuri îndepărtate precum Ţara Galilor, Transilvania şi Spania. Astfel, cea mai mare parte a aprovizionării nu putea fi asigurată decât din Orient. Acest lucru necesita o armată numeroasă şi costisitoare, care era implicată în conflicte constante la graniţele imperiului.

Moneda de aur se numea *aureus. Denarul* de argint era, de asemenea, în circulaţie, precum şi diverse monede de cupru: *sestertius, dupondius* şi *as.*

Raritatea aurului sau a monedei-marfă ducea frecvent la perioade de deflaţie din cauza lipsei de circulaţie a mijloacelor de schimb. În anul 13 î.Hr. s-a luat decizia de a reduce greutatea *denarului* de aur de la 122 la 72 de grame. Aceasta a rămas norma până în anul 310 d.Hr. Cu toate acestea, metalele continuau să se scurgă spre Orient ca plată pentru mărfuri de lux, contribuţii religioase şi rambursări ale dobânzilor exorbitante. În plus, degradarea cauzată de utilizarea intensivă a dus la pierderea unei treimi din totalul monedelor metalice aflate în circulaţie pe o perioadă de 100 de ani.

Deoarece aurul era tratat ca o marfă, devalorizarea sa nu era tolerată. Împăratul Constantin (275 – 337 d.Hr.) a decretat personal pedeapsa cu moartea pentru falsificare şi arderea pe rug pentru exploatatorii de mine care se făceau vinovaţi de falsificare. Schimbătorii de bani care nu raportau un besant de aur falsificat (*solidus)* erau imediat flagelaţi, reduşi la sclavie şi exilaţi. Aceste măsuri s-au dovedit eficiente pentru besantul care cântărea 70 de grame, puţin mai gre decât besantul încă în circulaţie în 1025, care cântărea 68 de grame.

În anul 313, creştinismul a fost tolerat prin Edictul de la Milano, iar începând cu anul 380 a fost instituit ca religie oficială de către împăratul Teodosie I(347 – 395 d.Hr.). Din acea perioadă, puterea monetară a fost plasată sub autoritatea religioasă a *pontifex maximus*. O caracteristică a epocii imperiale a fost nedreptatea socială şi zdrobirea clasei de mijloc sub o impozitare excesivă. Omul de afaceri roman nu era un negustor, ci un jefuitor al provinciilor, deoarece patria dispunea de o bază industrială slabă, incapabilă să producă bunurile manufacturate necesare. Pe măsură ce monetizarea societăţii continua, bogaţii parazitând poporul, plebeul a devenit un fel de sclav. Abolirea sistemului juraţilor a fost simptomatică pentru declinul respectului şi al importanţei acordate omului obişnuit în cadrul societăţii romane.

Monedă de aur bătută de împăratul Alexandru Severus, 222-235 d.Hr.

ROLUL BISERICII ÎN DECLINUL ŞI CĂDEREA

Taxa decretată de împăratul Constantin, conform căreia 1/10 din orice venit trebuia plătită Bisericii Creştine, a accelerat distrugerea imperiului. În cele din urmă, Biserica a ajuns să deţină între o treime şi jumătate din toate terenurile şi din bogăţia totală. Această concentrare a bogăţiei a provocat o penurie de monedă metalică. Moneda exista, dar nu era folosită pentru distribuirea sau circulaţia bunurilor şi serviciilor. În loc să recicleze veniturile din zeciuială prin investiţii în cadrul comunităţii sau prin opere caritabile, cum ar fi construirea de spitale, şcoli şi biblioteci, vaste depozite de aur erau concentrate în spatele zidurilor groase (30,5 metri) ale cetăţii fortificate din Constantinopol şi ale Vaticanului din Roma.

În ultimii ani ai secolelor al V-lea și al VI-lea, Imperiul Roman devenise un organism parazitar, supus unor faze alternate de inflație și deflație. Ruina sa economică a precedat căderea sa politică. Nu mai exista producție industrială, aproape toată hrana trebuia importată, iar camăta era practicată la o scară fără precedent. Bogățiile imperiului care nu erau deținute de Biserică erau controlate de 2000 de familii romane. Restul populației trăia în sărăcie.

CONSECINȚELE

Implozia jumătății occidentale a imperiului în anul 476, în urma incursiunilor repetate ale goților și vandalilor, a dus la o Epocă Întunecată. A urmat o criză deflaționistă care a durat câteva secole. Potrivit Comisiei pentru Argint a Statelor Unite din 1876, valoarea monedei metalice a Imperiului Roman la apogeul puterii sale se ridica la 1,8 miliarde de dolari, dar la sfârșitul Evului Mediu nu mai era decât de 200 de milioane de dolari. Producția agricolă fusese redusă la simpla subzistență. Navele au dispărut, deoarece nu mai existau schimburi comerciale. Comerțul stagna. Artele și științele s-au pierdut, iar cunoștințele privind cimentul de construcție au dispărut.

Factorii majori ai declinului Imperiului Roman au fost concentrarea bogăției[7], absența bazinelor miniere pentru producția industrială și importul masiv de sclavi de culoare, care a dus la degradarea genetică a națiunii. În cursul secolului[al IV-lea], din cauza scăderii fertilității femeilor romane, sclavii erau mai numeroși decât cetățenii, în proporție de cinci la unu. Cel mai important motiv economic a fost indisponibilitatea unei monede de schimb accesibile și

[7] „Când guvernul Egiptului antic s-a prăbușit, 4 la sută din populație deținea toată bogăția. Când civilizația babiloniană s-a prăbușit, 3 la sută din populație deținea toată bogăția. Când Persia antică a fost distrusă, 2 la sută din populație deținea toată bogăția. Când Grecia antică a căzut în ruine, jumătate de procent din populație deținea toată bogăția. Când Imperiul Roman s-a prăbușit, două mii de persoane dețineau toată bogăția lumii civilizate. A urmat apoi Evul Mediu, din care lumea a ieșit abia când bogățiile nu mai erau atât de concentrate. Astăzi, mai puțin de un procent din populație controlează 90 la sută din bogăția Statelor Unite." – Citat de R. Maguire, în „Money Made Mysterious", revista *American Mercury*, New York, 1958, 98. (*American Mercury* a fost fondată de H. L. Mencken în 1924.

concepţia eronată conform căreia moneda era considerată o marfă.

Astfel, din punct de vedere economic, lecţiile căderii Romei sunt că un sistem economic necinstit va contribui inevitabil la forţele de destrămare. Nicio societate nu poate supravieţui unui sistem economic inechitabil. Pentru ca o societate să poată funcţiona şi să prospere, este absolut fundamental ca mijloacele de schimb să fie emise fără datorii şi fără dobânzi de către autoritatea legală a statului, în calitate de reprezentant perpetuu al poporului.

CAPITOLUL II

ORIGINILE SECRETE ALE BĂNCII ANGLIEI

... toate marile evenimente au fost denaturate, majoritatea cauzelor importante ascunse... Dacă istoria Angliei va fi scrisă vreodată de cineva care are cunoştinţele şi curajul necesare, lumea va fi uluită.

– Benjamin Disraeli,
prim-ministru al
Marea Britanie.

ANGLIA ANTICĂ

Regele Offa a domnit peste Regatul Mercia[8], care era mărginit la nord de râurile Trent şi Mersey, de valea Tamisei la sud, de Ţara Galilor la vest, de East Anglia şi Essex la est, între anii 757 şi 791 d.Hr. Acesta făcea parte din cele şapte regate autonome ale Heptarhiei anglo-saxone.

Offa a fost un administrator înţelept şi capabil, precum şi un conducător mărinimos. El a instituit în Anglia primul sistem monetar. Din cauza rarităţii aurului, a folosit argintul pentru a bate monedă şi ca mijloc de stocare a bogăţiei. Unitatea standard de schimb era lira (pound) de argint, împărţită în 240 de penny. Penny-urile erau marcate cu o stea (din engleza veche *stearra*), de unde provine termenul sterling. În 787, regele Offa a introdus o lege care interzicea camăta, adică perceperea de dobânzi pentru banii împrumutaţi, un concept care se remonta la epoca păgână. Legile împotriva cametei au fost întărite de regele Alfred (865-899), care a decretat confiscarea proprietăţilor cămătarilor, în timp ce în 1050, Edward Mărturisitorul (1042-1066) a decretat nu numai

[8] Latinizarea lui Mierce.

confiscarea bunurilor lor, ci și interzicerea cămătarilor și exilul lor pe viață.

PRIMA MIGRAȚIE ȘI EXPULZAREA EVREILOR

Evreii au sosit în Anglia în 1066, în ajunul victoriei lui William Cuceritorul asupra regelui Harold al II-lea la Hastings, pe 14 octombrie. Acești evrei proveneau din Rouen, la 120 de kilometri de stâncile Normandiei, unde William Cuceritorul se născuse în afara căsătoriei, sub numele de William Bastardul. Deși arhivele istorice nu indică faptul că aceștia ar fi promovat ideea unei invazii militare a Angliei, acești evrei au finanțat-o cel puțin. Pentru acest sprijin, au fost răsplătiți generos, fiind autorizați să practice camăta sub protecție regală.[9]

Consecințele pentru poporul englez au fost dezastruoase. Prin aplicarea unei rate a dobânzii de 33% pe an asupra terenurilor ipotecate de nobili și de 300% pe an asupra bunurilor comerciale sau imobiliare ale muncitorilor, în decurs de două generații, un sfert din toate terenurile engleze se aflau în mâinile cămătarilor evrei. La moartea sa, în 1186, Aaron de Lincoln a fost declarat cel mai bogat om din Anglia, iar averea sa a fost estimată ca fiind mai mare decât cea a regelui Henric al II-lea.[10] Pe de altă parte, imigranții evrei se străduiau să submineze etica breslelor și îi exasperau pe negustorii englezi vânzând o mare varietate de bunuri sub un singur acoperiș. De asemenea, jucau un rol proeminent în tăierea monedelor de argint și topirea lor în lingouri, pentru a placarea monedelor cu staniu.

Dr. William Cunningham, renumitul economist, compară „activitatea evreilor în Anglia începând cu secolul al XI-lea cu un burete care absoarbe toată bogăția pământului și împiedică astfel orice dezvoltare economică. Este interesant de remarcat, de asemenea, că chiar și în acea epocă îndepărtată, guvernul a făcut tot ce i-a stat în putință pentru a-i încuraja pe evrei să se

[9] S. M. Goodson, In praise of Medieval England, *Spearhead,* iulie 2005.

[10] R. Chazan, *The Jews of Medieval Western Christendom 1000-1500,* Cambridge University Press, New York, 2006, p. 159.

angajeze într-un comerţ cinstit şi, prin aceasta, să se asimileze cu restul populaţiei, dar totul fără niciun rezultat pozitiv."[11]

La începutul secolului al XIII-lea, mulţi nobili se aflau în pericol de a-şi pierde pământurile din cauza cametei şi a impozitelor. În 1207, o sumă enormă de 60.000 de lire a fost colectată sub formă de impozite de la populaţia creştină. Şi evreii plăteau impozit, dar la o rată redusă şi pe baza unui patrimoniu şi a unor venituri mult subestimate.[12] Nobilii care împrumutau de la cămătarii evrei, precum şi de la rege şi agenţii săi, trebuiau să-şi înregistreze ipoteca în Registrele Trezoreriei. De îndată ce un nobil se afla în dificultate financiară, regele cumpăra datoria de la cămătar şi punea mâna pe pământ pentru sine. Regele Ioan (1199-1216) era „complet iresponsabil" în practicarea acestei politici necinstite şi depravate şi era, în plus, „desfrânat, incompetent şi complet sub controlul evreilor săi".[13]

Regele Ioan al Angliei semnează Magna Carta (Marea Cartă) la Runnymede în 1215.

În 1215, nobilii s-au revoltat şi l-au forţat pe regele Ioan să semneze Marea Cartă (Magna Carta) la 15 iunie 1215. Acest document d e conţine 61 de clauze referitoare la stabilirea diverselor drepturi constituţionale şi legale, dar scopul său

[11] W. Cunningham, *The Growth of English Industry and Commerce during the Early and Middle Ages*, Cambridge University Press, ediţia a 3-a, 1896, p. 201.
[12] Originea Marii Carte, *The Occidental Observer*, 19 mai 2013.
[13] Ibid.

principal era de a anula jugul exercitat de cămătarii evrei și de a aboli camăta și poziția privilegiată a evreilor. La 19 octombrie 1216, regele Ioan a murit și i-a succedat fiul său de nouă ani, Henric al III-lea, care a domnit între 1219 și 1272. Domnia sa s-a desfășurat sub auspicii mai bune decât cea a tatălui său, iar 19 dintre clauzele referitoare la evrei au fost abrogate în anul următor. Cu toate acestea, moștenitorul său, Eduard Ier (1272-1307) și-a dat seama curând că evreii nu aveau loc în societatea engleză[14] și că, dacă nu lua măsuri, risca să-și piardă tronul. În 1233 și 1275 au fost promulgate Statutele Evreilor, care au abolit orice formă de camătă. Deoarece mulți dintre acești evrei nu mai puteau „să-și câștige existența", regele Edward a emis un decret la 18 iulie 1290 prin care obliga întreaga populație evreiască, în număr de 16.511 locuitori, să părăsească Anglia pentru totdeauna.[15] O expulzare dintre cele peste o sută care au avut loc de-a lungul istoriei europene. Anunțul a fost primit cu mare bucurie în toată țara. Spre deosebire de practica modernă de curățare etnică, evreii, după ce au achitat o taxă echivalentă cu 1/15 din valoarea bunurilor lor și 1/10 din lichiditățile lor, au fost autorizați să

[14] Uciderea rituală a băieților creștini preadolescenți a fost pragul critic care a provocat expulzarea evreilor. În timpul Paștelui evreiesc, un băiat era capturat și apoi sângerat până la moarte. Sângele său era apoi amestecat cu aluat fără drojdie, copt și consumat ulterior sub formă de biscuiți rabinici. Primul caz cunoscut a avut loc în 1144, iar cel mai faimos dintre toate a fost cel al micului St Hugh din Lincoln, în 1255. Regele Henric al III-lea a ordonat personal desfășurarea unei anchete judiciare, care a inclus o examinare medico-legală de către judecători. 91 de evrei au fost arestați pentru participarea lor la această crimă atroce, în cursul căreia victima a fost torturată, crucificată, sângerată până la moarte și aruncată într-o fântână. Detaliile procesului se găsesc consemnate în Close Rolls of the Realm și Patent Rolls din Arhivele Naționale privind pe Henric al III-lea la Kew, Richmond, în Surrey, TW9 4DU. Geoffrey Chaucer a scris o poezie care comemorează uciderea lui Little Hugh în Povestea Abatei, care face parte din *Povestirile din Canterbury*. Frații Grimm au scris „*Der Judenstein* " (Piatra evreilor) despre uciderea ritualică a copilului de trei ani Andreas (Anderl) Oxner la Rinn, în Austria, în 1492. În *In My Irrelevant Defence: Meditations Inside Gaol and Out on Jewish Ritual Murder*, The I.F.L. Printing and Publishing Co., Londra, 1938, p. 57, Arnold Leese explică faptul că aceste crime rituale erau încă practicate în secolul[al XX-lea]. În februarie 2007, profesorul israelian Ariel Toaff, fiul lui Elio Toaff, fostul Mare Rabin al Romei, a scris *Pasque di sangue: Ebrei d'Europa e omicidi rituali* (*Paștele de sânge: Evreii din Europa și crimele lor rituale*), în care confirmă frecvența crimelor rituale în Italia medievală. Pentru o analiză a lucrărilor sale, a se vedea *The Bloody Passovers of Dr Toaff*, de Israel Shamir www.israelshamir.net/English/Eng11.htm

[15] D. Astle, *The Tallies, A Tangled Tale and The Beginning and the Ending*, auto-publicat la Toronto, 1997, p. 40 și 43. Astle explică faptul că unii dintre acești evrei s-au stabilit în Elveția și au fondat cele trei cantoane inițiale: Uri, Schwyz și Ob – iar un an mai târziu, Nidwalden.

plece luându-și toate bunurile. Orice evreu care rămânea în regat după 1 noiembrie 1290 (ziua de Toate Sfinţile) risca să fie executat.

GLORIOSUL EV MEDIU

Odată cu alungarea cămătarilor și abolirea cametei,[16] impozitele au revenit la un nivel moderat și nu mai exista datorie publică, deoarece „Bâton de comptage" fără dobândă[17] era utilizat pentru cheltuielile guvernului. Acest vechi instrument financiar, cunoscut de sarazini și probabil și de chinezi, provine de la termenul latin „*tallia*", care înseamnă „băţ". Un baston de contabilitate era confecţionat din ramuri de alun, salcie sau buș, deoarece aceste esenţe se puteau tăia ușor. Acestea aveau, de obicei, o lungime de opt inci (20,3 cm) (distanţa dintre degetul arătător și degetul mare) și o lăţime de jumătate de inci (1,3 cm), deși puteau ajunge până la opt picioare lungime (2,44 m). Valorile erau indicate prin dimensiunea tăieturilor făcute în lemn. 1.000 de lire erau marcate prin tăierea unei lăţimi de o palmă, 100 de lire prin lăţimea degetului mic, 1 liră prin lăţimea unui bob de orz umflat, șilingii erau marcaţi prin tăieturi și mai mici, iar penii erau indicaţi prin incizii. Beneficiarul era înregistrat pe laturile plate. Când toate detaliile erau indicate pe baston, acesta era tăiat aproape de partea inferioară, astfel încât o parte păstra un nod sau o marcă pe care se putea face o gaură. Aceasta era cunoscută sub numele de contra-baston sau chitanţă și era păstrată pe o bară la Echiquier (Camera de Conturi). Banda plată (fără ciot) era dată beneficiarului. Deoarece niciun bucată de lemn nu este identică, era imposibil să se falsifice un baston de contabilitate. Aceste instrumente de plată au fost introduse pentru prima dată sub domnia regelui Henric al II-lea (1100-1135) și au rămas în circulaţie până în 1783.[18] Cu toate acestea,

---

[16] În 1364, Edward al III-lea a autorizat City of London să emită un „*Ordinatio contro Usurarios*", iar o altă lege a fost promulgată în 1390.

[17] D. Astle, op. cit., pp. 12-17.

[18] Printr-un act de supremă ironie, la 16 octombrie 1834, grămezi de bastoane de vot sparte au fost folosite pentru a încălzi Camera Comunelor. Focul care a izbucnit a fost

în perioada 1290-1485, bastonul a atins apogeul, constituind principalul mijloc de finanțare a statului. Bastonul era utilizat nu numai pentru a plăti angajații statului, ci și pentru a finanța principalele infrastructuri, precum construcția zidului orașului Londra, clădirile publice și porturile. Suma exactă a bastonilor aflați în circulație nu este cunoscută, dar încă în 1694, o valoare de 17 milioane de lire sterline din aceștia era încă în circulație. Era o sumă uriașă, deoarece bugetul anual al regelui depășea rareori 2,5 milioane de lire sterline, iar un fermier câștiga un penny pe zi.

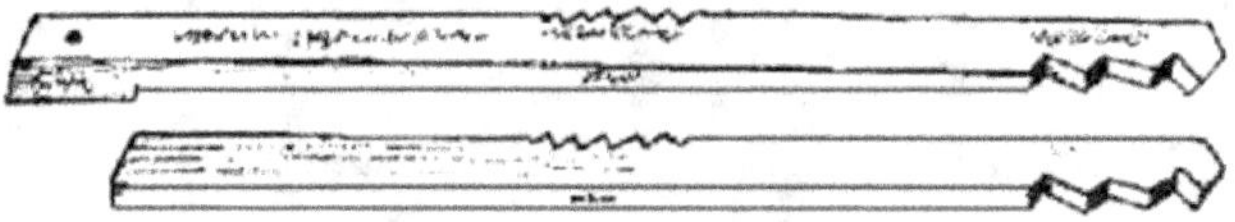

Bățurile contabile medievale din secolul al XV-lea

Cu o rată de impozitare rezonabilă,[19] fără datorii publice și fără dobânzi de plătit, Anglia a cunoscut o perioadă incomparabilă de creștere și prosperitate. Țăranul mediu lucra doar 14 săptămâni pe an și se bucura de 160-180 de zile de vacanță. Potrivit lui Lord Leverhulme,[20] un scriitor al acelei epoci: „Oamenii din secolul al XV-leaerau foarte bine plătiți", de fapt atât de bine plătiți încât puterea de cumpărare garantată de salariile lor și nivelul lor de trai nu avea să fie depășit decât în secolul al XIX-lea. Un fermier putea asigura bunăstarea și toate necesitățile familiei sale. Țăranii erau bine îmbrăcați în haine de lână și dispuneau de carne și pâine din belșug.

atât de puternic încât a scăpat de sub control și a devastat întregul complex, cu excepția Westminster Hall și a St Stephen's Cloister (claustrele Sfântului Ștefan). În timpul reconstrucției Camerei Comunelor, mozaicul de la intrare a fost desenat sub forma unei stele a lui David gigantice (probabil sub influența lui Rothschild).

[19] G. M. Trevelyan, în lucrarea sa *English Social History, A Survey of Six Centuries Chaucer to Queen Victoria*, Longmans Green and Co. Londra, 1948, scrie că Anglia: „era o țară în care oamenii nu sufereau din cauza impozitelor", p. 63, și că: „refuzul obstinat de a plăti impozitele era o caracteristică a englezilor din acea epocă", p. 107.

[20] R. K. Hoskins, *War Cycles – Peace Cycles*, The Virginian Publishing Company, Lynchburg, Virginia, 1985, p. 54.

Deoarece țăranii trebuiau să lucreze doar 14 săptămâni pe an, mulți dintre ei își dedicau timpul liber construirii magnificelor catedrale din Anglia. Catedrala din York a fost finalizată în 1472 și are cea mai mare suprafață de vitralii din lume.

Houston Stewart Chamberlain, filozoful anglo-german, confirmă aceste condiții de viață în lucrarea sa *Foundations of the XIX^th^Century:*

> „În secolul al XIII-lea, când popoarele teutone au început să-și construiască noua lor lume, țăranii din întreaga Europă erau oameni liberi, bucurându-se de o existență mult mai sigură decât cea de astăzi; *copyrightul*[21] era regula, astfel încât Anglia, de exemplu – astăzi un loc al feudalismului care avantajează proprietarii de pământ – era chiar și în secolul al XV-lea o țară aflată în întregime în mâinile a mii de fermieri, care nu erau doar proprietarii legali ai pământurilor lor, ci dețineau, în plus, drepturi echivalente asupra pășunilor și pădurilor."[22]

În timpul lor liber, mulți meșteșugari își exercitau de bunăvoie talentele pentru a construi unele dintre cele mai magnifice

---

[21] *Copyhold* era o formă de drept funciar feudal specific Angliei, care provenea din sistemul de iobăgie.

[22] H. S. Chamberlain, *The Foundations of the Nineteenth Century*, The Bodley Head, Londra, 1912, vol. II, p. 354-355.

catedrale din Anglia, ceea ce vine să întărească unul dintre principiile de bază ale civilizației occidentale, potrivit căruia fără timp liber, înflorirea culturii este imposibilă. George Macauley Trevelyan, istoricul englez, descrie aceste realizări în felul următor:

> „Tradiția continuă, dar în continuă evoluție, a arhitecturii ecleziastice se desfășura în mod maiestuos, umplând Anglia cu construcții minunate care nu au fost niciodată egalate de antici sau de moderni... În noile biserici, lumina nu mai pătrundea, ci inunda acum locurile prin vitralii, al căror secret de fabricație este astăzi și mai complet pierdut decât magia acestei arhitecturi."[23]

Deși regele Henric al VIII-lea (1509-1547) a relaxat legile privind camăta în 1509, acestea au fost ulterior abrogate de fiul său, regele Eduard al VI-lea (1547-1553), printr-o lege din 1552 al cărei preambul stipula că „camăta este, conform cuvântului lui Dumnezeu, total interzisă, ca un viciu dintre cele mai odioase și detestabile..."

SFÂRȘITUL UNEI EPOCI DE AUR

Merrie England (Anglia fericită) în secolul al XV-lea– Sărbătorind 1 mai dansând în jurul stâlpului.

[23] G. M. Trevelyan, op. cit., p. 51.

În cursul secoluluial XVII-lea, această epocă de aur a cunoscut un sfârşit tragic. Un număr mare de evrei, care fuseseră expulzaţi din Spania în 1492 de către Isabella I de Castilia şi Ferdinand al II-lea de Aragon[24] din cauza practicării repetate a cametei şi a practicilor comerciale neloiale, găsiseră refugiu în Olanda. Deşi olandezii erau la acea vreme o putere maritimă importantă, cămătarii evrei stabiliţi la Amsterdam doreau să se întoarcă în Anglia, unde perspectivele lor de a-şi extinde operaţiunile imperiului de împrumuturi erau mult mai promiţătoare.

Sub domnia reginei Elisabeta I(1558-1603), un număr mic de evrei marani-spanioli, care se convertiseră la o formă ipocrită de creştinism, s-au stabilit la Londra. Mulţi dintre ei erau aurari şi acceptau să păstreze depozite de aur, emiţând ulterior, pentru o sumă de zece ori mai mare decât cea a aurului păstrat, bilete la purtător, adică împrumuturi cu dobândă. Aceste chitanţe, strămoşul sistemului bancar fraudulos al rezervelor fracţionare, au fost iniţial împrumutate Coroanei sau Trezoreriei cu o dobândă anuală de 8%, dar, potrivit lui Samuel Pepys,[25] cronicarul şi secretarul Amiralităţii, ratele dobânzilor creşteau până la 20% şi chiar 30% pe an.[26] Ratele dobânzilor pe care le plăteau comercianţii depăşeau adesea 33% pe an, chiar dacă rata legală era de doar 6% pe an.[27] Muncitorii şi săracii suportau povara acestor rate exorbitante ale dobânzii, fiind nevoiţi să plătească 60%, 70% sau chiar 80% pe an.[28] Potrivit lui Michael Godfrey, autorul pamfletului intitulat *A Short Account of the Bank of England*, s-au pierdut între două şi trei milioane de lire sterline din cauza falimentelor bijutierilor şi a dispariţiei angajaţilor lor, grefierii.[29]

---

[24] Decretul de la Alhambra, cunoscut şi sub numele de Edictul de expulzare.
[25] A. M. Andreades, *History of the Bank of England*, P. S. King & Son Ltd, Londra, 1935, p. 35. Pepys descrie aceste rate exorbitante ale dobânzii ca fiind o „ruşine dintre cele mai oribile".
[26] Ibid., p. 24. Autorul s-a documentat, de asemenea, pe baza lucrării lui Isaac Disraeli, *Usurers of the Seventeenth Century*.
www.gutenberg.org/ebooks/16350?msg=welcome_stranger
[27] Ibid., p. 24.
[28] Ibid., p. 47.
[29] Ibid., 24-25.

CROMWELL ȘI RĂZBOIUL CIVIL ENGLEZ

În 1534, prin Actul de Suprematie, Biserica Anglicană a fost instituită ca religie oficială a Angliei de către regele Henric al VIII-lea. În cursul secolelor al XVI-lea și al XVII-lea, credințele puritane, bazate pe învățăturile lui John Wycliffe și Jean Calvin[30], au câștigat un număr tot mai mare de adepți. Puritanii considerau Biblia drept adevărata lege a lui Dumnezeu și puneau accentul pe citirea Bibliei, rugăciune și predică, precum și pe simplificarea ritualului sacramentelor.

Regele Stuart Carol I (1625-1649), care dorea să mențină preeminența Bisericii Anglicane, s-a trezit prins într-un conflict intens cu puritanii, care făceau mari progrese în prozelitismul în rândul populației. După asasinarea prietenului de încredere și consilier al lui Charles, ducele de Buckingham, în 1628, acesta a devenit din ce în ce mai izolat.

Diviziunea religioasă crescândă oferea o oportunitate perfectă de exploatat pentru conspiratorii evrei. Așa cum scrie Israel Disraeli, tatăl prim-ministrului Benjamin Disraeli, în lucrarea sa *The Life and Reign of Charles I*: „Națiunea a fost divizată în mod abil în «sabbatarieni» pe de o parte și în încălcători ai sabatului pe de altă parte.[31]

În 1640, unul dintre liderii comunității evreiești clandestine, Fernandez Carvajal, un negustor și spion, cunoscut și sub numele de „Marele Evreu", a organizat o miliție înarmată de aproximativ 10.000 de membri, care a fost folosită pentru a intimida populația Londrei și a semăna confuzie. De asemenea, au fost distribuite un număr mare de pamflete și broșuri.[32]

A urmat războiul civil între regalisti (anglicani) și Capete Rotunde (puritani); acesta a durat din 1642 până în 1648.

---

[30] A. H. M. Ramsay, *The Nameless War*, Britons Publishing Co., Londra, 1952, p. 11, reeditat recent de Omnia Veritas Ltd. Calvin provenea din Franța, unde numele său se scria Cauin, o variantă a lui Cohen. În cadrul unei reuniuni a B'nai B'rith la Paris, relatată în *La Gazette Catholique* din februarie 1936, s-a anunțat că era de origine evreiască.

[31] Ibid., p. 11.

[32] Ibid., p. 12-13.

Capetele Rotunde, cu „armata lor de ultimă generație”, au ieșit victorioase și au făcut, conform estimărilor, 190.000 de victime în rândul populației, adică 3,8%. Liderul Capetelor Rotunde era Oliver Cromwell (1599-1658), a cărui „armată de ultimă generație” nu era doar echipată și antrenată de antreprenorul și agitatorul profesionist Fernandez Carvajal, ci și finanțată de cămătarii evrei din Amsterdam. Liderul evreilor olandezi, Manasseh Ben Israel,[33], i-a trimis lui Cromwell rugăminți imploratoare, cerându-i să le permită evreilor să se întoarcă în Anglia în schimbul favorurilor financiare pe care i le acordase atât de generos.[34]

O broșură din 1650 care îl înfățișează pe **Oliver Cromwell** ca monarh al Angliei.

[33] Ibid., p. 13.
[34] A. M. Andreades, op. cit., p. 30.

REGICIDUL REGELUI CAROL I

Perfidia de care s-a făcut vinovat Cromwell este dezvăluită de corespondenţa sa cu Sinagoga din Mulheim, Germania.

La 16 iunie 1647,

De la Olivier Cromwell către Ebenezer Pratt

„În schimbul unui sprijin financiar, voi autoriza readmiterea evreilor în Anglia: acest lucru este însă imposibil atâta timp cât Carol este încă în viaţă. Carol nu poate fi executat fără un proces, pentru care nu există în prezent motive de acuzare. Sugerez, aşadar, ca Charles să fie asasinat, dar nu vreau să am nimic de-a face cu aranjamentele pentru găsirea unui asasin, deşi sunt dispus să-l ajut în fuga sa."

Iată răspunsul la această scrisoare:

La 12 iulie 1647,

Către Oliver Cromwell, din partea lui Ebenezer Pratt

„Va acorda ajutor financiar imediat ce Charles va fi detronat şi evreii readmişi. Asasinatul este prea periculos. Trebuie să-i permitem lui Charles să scape: capturarea lui va face posibilă judecata şi execuţia. Sprijinul nostru va fi important, dar nu este nevoie să discutăm termenii acestuia înainte ca procesul să înceapă."[35]

Regele Charles era ţinut prizonier la Holmby House, în Northamptonshire. La 4 iunie 1647, 500 de revoluţionari l-au răpit, apoi i-au permis să fugă pe Insula Wight, unde a fost ulterior arestat. La 5 decembrie 1648, Camera Comunelor a decis că „concesiile acordate de rege erau satisfăcătoare şi

[35] A. H. M. Ramsay, op. cit., p. 14-15. Conform unei scrisori publicate în *Plain English* la 3 septembrie 1921: „Înţelepţii din Sion există de mult mai mult timp decât se crede. Prietenul meu, domnul L. D. Van Valckert din Amsterdam, mi-a trimis recent o scrisoare conţinând două extrase găsite în Sinagoga din Mulheim. Volumul care le conţine s-a pierdut în timpul războaielor napoleoniene şi a ajuns recent în posesia domnului Van Valckert. Sunt scrise în germană şi conţin citate din corespondenţa primită de autorităţile Sinagogii din Mulheim."

puteau duce la un acord".[36]

Execuţia regelui Carol I pe o gravură de epocă

Cromwell a întreprins apoi o epurare a Camerei Comunelor cu ajutorul colonelului Pryde, până când nu a mai rămas decât un parlament „rămăşiţă" format din 50 de membri, care au votat apoi pasiv procesul regelui. Niciun jurist englez nu a vrut să redacteze un act de acuzare împotriva regelui. Acesta a fost în cele din urmă redactat de un evreu olandez, Isaac Dorislaus. Regele a fost forţat să participe la procesul aranjat care a avut loc la Înalta Curte de Justiţie, a cărei două treimi din membri erau Nivelatori[37] i aparţinând armatei. Carol a refuzat să pledeze, dar a fost declarat vinovat şi executat la 29 ianuarie 1649. Pe măsură ce cortegiul se apropia de eşafod, o mare parte a mulţimii striga „God Save the King!" („Dumnezeu să-l salveze pe rege!"). După execuţie, un val de angoasă s-a răspândit printre oameni.

A DOUA IMIGRAŢIE EVREIASCĂ

În perioada 7-18 decembrie 1655, Cromwell, care se numea „ " (Lord Protector), a ţinut o conferinţă la Whitehall, Londra, pentru a obţine aprobarea unei noi imigraţii pe scară largă a

[36] Ibid., p. 16.

[37] O alianţă informală de agitatori şi pamfletari, care au fost precursorii iacobinilor şi bolşevicilor.

evreilor. Deși conferința era plină de susținători ai lui Cromwell, consensul copleșitor în rândul delegaților, alcătuit în majoritate din preoți, juriști și negustori, a fost că evreilor nu trebuia să li se permită să se întoarcă în Anglia.[38] În octombrie 1656, primii evrei au fost autorizați în secret să debarce liber în Anglia, în ciuda protestelor formulate de subcomitetul Consiliului de Stat, care declarase că acești evrei „constituiau o amenințare gravă la adresa statului și a religiei creștine". "[39] „Toți comercianții, fără excepție, s-au opus readmiterii evreilor. Ei au declarat că imigranții ar fi dăunători pentru țară și că admiterea lor ar îmbogăți străinii în detrimentul englezilor."[40]

Cromwell a murit la 3 septembrie 1658 și a fost succedat de fiul său, Richard, care a domnit timp de nouă luni. Fiul lui Carol I, Carol al II-lea (1660-1685), a preluat tronul tatălui său asasinat. Deși a fost ultimul monarh englez care a emis monedă (sub formă de bancnote), el a comis două erori politice fatale. La 1 august 1663 a promulgat legea intitulată eufemistic: Legea pentru încurajarea comerțului, care autoriza „exportul tuturor monedelor și lingourilor de aur și argint în străinătate, fără nicio constrângere sau reglementare de niciun fel. "[41] În timpul dezbaterii proiectului de lege, contele de Anglesey a observat cu clarviziune „că era periculos pentru pacea regatului ca acesta să se afle la mila unei mână de oameni extrem de bogați, nemulțumiți și rebeli, care ar putea forma o bancă (un organ de acumulare) pornind de la propria noastră monedă și rezervele noastre de aur, dincolo de mări, lăsându-ne fără lichidități atunci când regele nu va mai avea puterea să-i împiedice să facă acest lucru."[42]

---

[38] H. S. A. Henriques, Les Juifs et la loi Anglaise IV, *The Jewish Quarterly Review*, vol. 14, nr. 4, iulie 1902, p. 653-697.
[39] A. H. M. Ramsay, op. cit., p. 16-17.
[40] A. M. Hyamson, *A History of the Jews in England*, Methuen, 1928, citat de A. N. Field, *All These Things*, Omni Publications, Hawthorne, California, 1936, p. 215.
[41] D. Astle, op. cit., p. 44.
[42] A. Del Mar, *The History of Money in America from the Earliest Times to the Establishment of the Constitution*, Omni Publications, Hawthorne, California, 1966, (publicată pentru prima dată în 1899), p. 66.

TO THE
Parliament, The Supream Court of
ENGLAND,
And to the Right Honourable the Councell of State, Menaſſeh Ben Iſrael, *prayes God to give Health, and all Happineſſe:*

IT is not one cauſe alone (moſt renowned Fathers) which uſeth to move thoſe, who deſire by their Meditations to benefit Mankind, and to make them come forth in publique, to dedicate their Books to great Men; for ſome, and thoſe the moſt, are incited by Covetouſneſſe, that they may get money by ſo doing, or ſome peece of Plate of gold, or Silver; ſometimes alſo that they may obtaine their Votes, and ſuffrages to get ſome place for themſelves, or their friends. But ſome are moved thereto by meere and pure friendſhip, that ſo they may publickly teſtifie that love and affection, which they bear them, whoſe names they prefixe to their Books; let the one, and the other, pleaſe themſelves, according as they delight in the reaſon of the Dedication, whether it be good or bad; for my part, I beſt like them, who do it upon this ground, that they may not commend themſelves, or theirs, but what is for publick good.

As for me (moſt renowned Fathers) in my dedicating
A 2 this

(3)

Pamphlet publicat de Menasseh ben Israel pentru a promova readmiterea evreilor în Anglia.

Trei ani mai târziu, printr-o lege privind încurajarea baterea monedei, el a permis persoanelor private, adică bancherilor și aurarilor, să bată monedele regatului la Royal Mint (Monetăria Regală) și să dobândească astfel privilegiul considerabil al dreptului de seignioraj (ă diferență dintre valoarea nominală a monedelor și costul lor de producție) ca venit în beneficiul lor exclusiv. În plus, acest lucru le-a permis să mărească sau să micșoreze după bunul lor plac masa monetară în circulație și astfel să crească sau să scadă prețurile după bunul lor plac, în detrimentul restului populației.

Domnia fratelui său, James al II-lea (1685-1688), a durat doar trei ani. El a fost victima pamfletelor şi a unei propagande fără scrupule care provenea în principal din Olanda. O expediţie militară întreprinsă de prinţul William de Orange a reuşit în cele din urmă să-l detroneze definitiv. Deşi armata lui James era superioară numeric, el a fost descurajat să atace după ce John Churchill, primul duce de Marlborough, l-a abandonat brusc. Conform *Enciclopediei Evreieşti*, Churchill a primit ulterior o rentă anuală de 6.000 de lire sterline din partea evreului olandez Salomon de Medina, ca recompensă pentru trădarea sa.[43] Această sumă considerabilă, „preţul sângelui", i-a permis lui Churchill să înceapă construcţia palatului Blenheim, care a fost finalizat la moartea sa, în 1722.

Campania militară a lui William de Orange, la fel ca cea a celuilalt William Cuceritorul din 1066, a fost finanţată de bancherii evrei. În schimbul sprijinului lor, William al III-lea (1689-1702) a cedat prerogativa regală de a emite moneda Angliei, liberă de orice datorie şi dobândă, unui consorţiu cunoscut sub numele de Guvernatorul şi Compania Băncii Angliei. A. N. Field, în lucrarea sa *All these Things*, rezumă evenimentele din acea epocă în felul următor:

> „La treizeci şi trei de ani după ce Cromwell a permis evreilor să se întoarcă în Anglia, un prinţ olandez a debarcat din Amsterdam înconjurat de un roi de evrei proveniţi din acest centru financiar. Expulzându-şi cumnatul [Iacob al II-lea] din regat, el a acceptat cu graţie să se aşeze pe tronul Angliei. Rezultatul firesc care a urmat acestui eveniment a fost inaugurarea Datoriei Naţionale, prin înfiinţarea, şase ani mai târziu, a Băncii Angliei, a cărei utilitate era de a împrumuta bani Coroanei de l. Anglia trăise în felul ei înainte ca evreii să debarce. Cămătarul a intrat astfel în scenă, iar situaţia în care se află astăzi naţiunea nu poate fi descrisă mai bine decât în cuvintele lui Shakespeare, când, cu o viziune profetică, a pus aceste cuvinte în gura muribundului Ioan de Gand:

[43] A. H. M. Ramsay, op. cit., p. 18.

Această patrie a atâtor suflete dragi, această dragă,
dragă patrie, Iubită pentru gloria sa în lume,
Este acum închiriată, mor declarând asta,
Ca un fief sau o fermă mizerabilă
Această Anglie, angajată într-o mare triumfătoare,
A cărei coastă stâncoasă respinge asaltul invidios
Al umedului Neptun, este acum angajată în
ignominie
Pe petele de cerneală și pe pergamentele putrezite!
Această Anglie, care obișnuia să-i subjuge pe alții,
și-a împlinit rușinos propria sclavie!
- Richard al II-lea, Actul II, Scena I

„Istoria celei de-a doua stabiliri a evreilor în Anglia nu este decât o lungă serie de obligațiuni redactate pe pergamente, care leagă națiunea prin datorii. Fiecare etapă a ascensiunii evreilor în afacerile națiunii a fost marcată de creșterea și multiplicarea datoriilor."[44]

ÎNFIINȚAREA BĂNCII ANGLIEI

Nevoia de a înființa o bancă centrală privată a fost subliniată de un pirat pensionat, William Paterson, membru al Ordinului „[45] ", când a redactat o broșură în 1693, intitulată *A Brief Account of the Intended Bank of England.*[46] El se va lăuda mai târziu cu faptul că această „ " „încasează profiturile din dobânzile asupra banilor pe care îi creează din nimic"[47] Joi, 21 iunie 1694, a fost deschisă o listă de subscriere pentru Bancă, care avea un capital inițial de 1.200.000 de lire sterline. Luni, suma era deja subscrisă în întregime.

Scopul evident al băncii era de a-i împrumuta regelui William sume nelimitate de bani la 8% pe an, pentru a-i permite să continue războiul, și în special conflictul care îl opunea lui

[44] A. N. Field, op. cit., p. 218.
[45] A. M. Andreades, op. cit., p. 60. În acea perioadă, profesia de corsar nu era considerată dezonorantă.
[46] Ibid., p. 66.
[47] W. G. Simpson, *Which Way Western Man?*, Yeoman Press, Cooperstown, New York, 1978, p. 621.

Ludovic al XIV-lea al Franței, a cărui țară nu se afla încă sub sistemul camătăresc.[48] Banca primea astfel dobânzile plătite de Coroană, în valoare de 100.000 de lire sterline pe an, cele 4.000 de lire sterline suplimentare constituind cheltuielile de administrare. Banca a dobândit, de asemenea, dreptul de a emite 1.200.000 de lire sterline în bancnote fără nicio acoperire în aur.

Înainte de înregistrare, statutul băncii a fost examinat cu atenție de juristul Levinz, astfel încât să fie pe deplin în concordanță cu scopul său ascuns, și anume de a stoarce poporul englez pe termen nelimitat, autorizând crearea monedei naționale din nimic și facturând dobânzi. Toată această monedă falsă trebuia rambursată împreună cu dobânzi compuse. Levinz era un evreu din Amsterdam care profesa ca avocat.[49]

A existat o puternică opoziție față de crearea Băncii. Aceasta provenea în principal de la aurari și cămătari, care au înțeles că aceasta va pune capăt afacerii lor de camătă bancară sub formă de rezerve fracționare bazate pe chitanțele de aur pe care le emiteau. Proprietarii de pământ și nobilimea de provincie se temeau de o creștere a ratelor dobânzilor, deoarece banca urma să controleze masa monetară a națiunii. Au fost formulate acuzații cu privire la faptul că banca ar favoriza anumiți comercianți, acordându-le rate preferențiale ale dobânzii. Cea mai mare teamă era că „Banca va deveni prea puternică și va fi astfel piatra de temelie a comerțului mondial".[50] Din păcate, exact asta s-a întâmplat, deoarece Banca Angliei a servit drept model pentru toate celelalte bănci centrale care au urmat.

---

[48] F. J. Irsigler, *On the Seventh Day They Created Inflation*, Wynberg, Cape Town, Africa de Sud, 1980, p. 5.
[49] J. E. T. Rogers, *The First Nine Years of The Bank of England*, Clarendon Press, Oxford, 1887, p. 4.
[50] A. M. Andreades, op. cit., p. 69.

Înfiinţarea **Băncii Angliei** a fost consacrată printr-o lege votată în Parlament, descrisă ca „O lege pentru a garanta Majestăţilor Lor diverse tarife şi drepturi asupra tonajului navelor şi vaselor...".

În acea perioadă, Camera Comunelor era alcătuită din 514 de membri, dintre care 243 erau conservatori, 241 erau liberali şi 28 aveau o orientare politică necunoscută.[51] Aproximativ două treimi dintre membri erau nobili provinciali şi se ştie că 20% dintre ei erau analfabeţi. Legea a fost dezbătută în iulie 1694, în plină vară, când reprezentanţii din mediul rural erau ocupaţi cu recoltele.[52] În acea zi nefastă de vineri, 27 iulie 1694, când a fost aprobat Actul de constituire, erau prezenţi doar 42 de membri, toţi fiind whigi – deoarece tory-ii se opuneau – care au votat cu toţii în favoarea legii d. (Acest lucru ridică întrebarea cu privire la ceea ce constituia cvorumul la acea vreme.)

Titlul legii nu făcea nicio menţiune despre Banca Angliei propusă, care era descrisă, sau mai bine zis ascunsă, în proporţie de două treimi într-un limbaj de neînţeles – adică pentru profani.

[51] Biroul de informare al Camerei Comunelor, Londra.

[52] O legislaţie similară a fost votată pentru Rezerva Federală americană, deţinută de acţionari privaţi, la 23 decembrie 1913, în condiţiile în care doar un număr redus de membri erau prezenţi, majoritatea plecând acasă pentru a sărbători Crăciunul. H. S. Kenan, *The Federal Reserve Bank*, The Noontide Press, Los Angeles, 1966, p. 19-20.

Fraza de deschidere a legii începe astfel: „William şi Mary, rege şi regină a Angliei, Scoţiei, Franţei şi Irlandei, prin harul lui Dumnezeu, apărători ai credinţei, etc. Cărora toţi cei care îi reprezintă le urează bun venit. ” A treia frază, care conţine 242 de cuvinte, începe astfel: „Întrucât, în şi printr-o anumită Lege adoptată recent în Parlament, intitulată Legea privind acordarea către Majestăţile Lor a mai multor tarife şi taxe în funcţie de TONAJUL NAVELOR ŞI VASELOR, precum şi asupra berii, băuturile fermentate şi alte lichioruri, pentru a stabili anumite recompense şi avantaje în legea menţionată, aceste persoane vor trebui să avanseze voluntar suma de 150.000 de lire sterline pentru a continua războiul cu Franţa, se adoptă, printre altele... »[53]

Ziua plăţii dividendelor la Banca Angliei,
gravură pe lemn, circa 1800

Cea mai mare parte a primelor două treimi ale legii menţionează în detaliu necesitatea aplicării unui întreg set complicat de noi tarife, obligaţii şi impozite asupra navelor, berii, băuturilor fermentate şi altor lichioruri. Adevăratul sens

[53] D. Astle, op. cit., p. 55.

al instituirii tuturor acestor taxe era că ele erau necesare pentru plata dobânzilor la toate împrumuturile guvernamentale viitoare. La scurt timp după aceea, au fost introduse și alte impozite: impozitul funciar, impozitul pe hârtie, impozitul de cap, impozitul pe sare, taxa de timbru și impozitul pe ferestre, care au înlocuit impozitul pe locuință sau pe șeminee. Alte impozite create au fost taxa pe negustorii ambulanți, o taxă pe trăsurile de închiriat, o taxă pe nașteri, căsătorii și decese și, în sfârșit, o taxă pe celibatari.[54] Cu toate acestea, cel mai confiscatoriu impozit a fost cel pe venit, indexat la o rată de 20%. Acesta se aplica nu numai întreprinderilor, ci și fermierilor.[55].

RĂZBOIUL ȘI SERVITUTEA DATORIEI PE TERMEN NELIMITAT

De atunci, a apărut un model de societate în care războaie inutile erau declanșate pentru a crește simultan datoria națională și profiturile cămătarilor. În mod semnificativ, majoritatea acestor războaie au fost declarate împotriva țărilor care au instituit un sistem bancar fără dobândă, cum a fost cazul în coloniile nord-americane și în Franța lui Napoleon. Acest model de consolidare prin violență a sistemului de cămătărie al bancherilor a fost larg utilizat în era modernă și se ilustrează prin înfrângerile Imperiului Rus în timpul Primului Război Mondial, apoi ale Germaniei, Italiei și Japoniei în timpul celui de-al Doilea Război Mondial și, mai recent, în Libia în 2011. Toate aceste țări dispuneau de un sistem bancar de stat care redistribuia bogăția națiunilor respective pe o bază echitabilă, oferind populației un nivel de trai mult superior celui al rivalilor lor contemporani.

În 1696, în cei doi ani care au urmat înființării sale, Banca Angliei a pus în circulație bancnote în valoare de 1.750.000 de lire sterline, cu o rezervă de aur de doar 2%, corespunzând unei valori de 36.000 de lire sterline.[56] La[1]mai 1707 s-a realizat

[54] A. M. Andreades, op. cit., p. 55.
[55] J. E. T. Rogers, op. cit., p. 106-107.
[56] F. J. Irsigler, op. cit., p. 5.

unirea dintre Scoția și Anglia, motivată în mare măsură de necesitatea de a prelua controlul asupra Monetăriei Regale din Edinburgh, ceea ce s-a întâmplat în 1709.

În 1720, după încheierea Războiului de Succesiune al Spaniei (1701-1714), datoria publică se ridica la 30 de milioane de lire sterline, iar războiul în sine costase 50 de milioane de lire sterline.[57] După Războiul de Independență al Statelor Unite (1775-1783), care izbucnise după ce coloniștii fuseseră obligați să înlocuiască moneda lor creată fără datorii cu bani englezi, ceea ce provocase o rată a șomajului de 50% din populația activă, datoria națională se ridica la 176 de milioane de lire sterline.

Potrivit lui Sir John Harold Clapham, care a redactat în 1944 *lucrarea The Bank of England: A History 1694-1914*, Solomon de Medina și doi da Costa, Fonseca, Henriquez, Mendez, Nuñez, Rodriguez, Salvador și Teixeira de Mattos, care erau toți evrei sefarzi, au achiziționat majoritatea acțiunilor băncii în 1722.

În 1786, prim-ministrul William Pitt cel Tânăr a încercat să elimine datoria publică prin intermediul unui fond de amortizare care genera dobânzi de 1 milion de lire sterline pe an, sumă pe care o aloca în întregime plății datoriei.[58] Această măsură a fost însă abandonată în scurt timp din cauza creșterii enorme a împrumuturilor necesare pentru finanțarea războiului împotriva lui Napoleon. În 1797, pentru a plăti povara tot mai mare a dobânzilor, a fost instituit un sistem de impozitare progresivă pe venit, ale cărui venituri se ridicau în 1815 la 70 de milioane de lire sterline pe an.[59]

Războiul împotriva Franței a durat din 1792 până în 1815. Obiectivul principal al acestei vărsări inutile de sânge a fost distrugerea sistemului financiar fără datorii și fără dobânzi instituit de Napoleon. (Vezi Capitolul III) În această perioadă, Anglia a purtat, de asemenea, un război împotriva Statelor

---

[57] A. M. Andreades, op. cit., p. 119.
[58] W. D. Bowman, *The Story of the Bank of England*, Herbert Jenkins Ltd, Londra, 1937, p. 291.
[59] A. M. Andreades, op. cit., p. 162.

Unite între 1812 și 1814. Acest război, la fel ca cel cu Franța, a fost inițiat de Anglia la cererea bancherului Mayer Amschel Rothschild (al cărui nume real era Bauer), după ce Congresul Statelor Unite a refuzat să reînnoiască carta Băncii Statelor Unite controlată de Rothschild[60], care fusese banca centrală a Americii între 1791 și 1811.[61] Nathan Rothschild este renumit pentru că a declarat în 1815: „Dați-mi controlul asupra monedei unei națiuni și nu-mi pasă cine face legile. Minoritatea care înțelege sistemul va fi fie atât de interesată de profiturile sale, fie atât de dependentă de favorurile sale, încât nu va exista niciodată opoziție din partea membrilor acestei clase sociale. ” Prim-ministrul britanic Spencer Perceval (1809-1812) a încercat să pună capăt acestui război complet inutil, dar a fost asasinat pe 11 mai 1812 în holul Camerei Comunelor de către John Bellingham, un extremist mandatat de Rothschild.[62]

În 1815, datoria publică se ridica la 885 de milioane de lire sterline. Acest război complet inutil a costat viața a aproximativ trei milioane de soldați și un milion de civili. Distrugerea băncii de stat create de Napoleon a costat poporul britanic 831 de milioane de lire sterline[63], din care 2,5 miliarde de lire sterline rămăseseră încă de plătit în 1914. Suma principală de 504 milioane de lire sterline se cincinocuplase în timp, grație magiei dobânzii compuse.

William Cobbet (1763-1835), un parlamentar perspicace reprezentând lumea agricolă, a perceput la acea vreme ce se punea la cale și a scris următoarele:

---

[60] 100% din acțiunile băncii erau deținute de familia Rothschild și asociații lor.

[61] În 1836, președintele Andrew Jackson a închis a doua Bancă a Statelor Unite, retrăgând toate depozitele guvernului. Aceasta fusese înființată printr-o cartă de 20 de ani în 1816. Familia Rothschild și asociații lor dețineau 80% din acțiuni, iar guvernul american, restul.

[62] www.tomatobubble.com/fh1.html, NWO Forbidden History (1765-1816). În paralel cu această numire în funcția de prim-ministru la 4 octombrie 1809, Perceval a ocupat și funcția de cancelar al Trezoreriei, post în care fusese numit începând cu 28 martie 1807. Era astfel perfect familiarizat cu meandrele finanțelor de vârf. În timpul mandatului său, secretarul său la Trezorerie a fost John Charles Herries, un prieten personal și informator secret al lui Nathan Rothschild. A se vedea N. Ferguson, *The House of Rothschild, Money's Prophets 1798-1848*, Vol. 1, Penguin Books, Londra, 1999, p. 86. (Profesorul Ferguson este un inițiat care a participat la conferința Bilderberg care a avut loc la Chantilly, în Virginia, SUA.)

[63] W. D. Bowman, op. cit., p. 290.

> „Am început să studiez Legea Parlamentului prin care fusese creată Banca Angliei. Investitorii ştiau ce făceau. Scopul lor era să ipotecheze, în etape succesive, întreaga ţară... pământurile... casele... proprietăţile... munca. Planul lor a produs ceea ce lumea nu mai cunoscuse până atunci: mizerie în mijlocul abundenţei."[64]

În 1800, Sir William Pultney, un membru al parlamentului, a propus înfiinţarea unei bănci naţionale după ce a formulat „atacuri viguroase" împotriva Băncii.[65] În 1824, un alt membru al parlamentului, David Ricardo, a prezentat un plan detaliat[66] pentru transformarea Băncii Angliei într-o bancă naţională. Aceste două încercări au eşuat. Afacerile Băncii Angliei au rămas secrete şi abia în 1833, 139 de ani mai târziu, o versiune simplificată a activităţilor sale a fost prezentată parlamentului prin Legea din 1833.[67]

La începutul Primului Război Mondial, în 1914, datoria naţională se ridica la 650 de milioane de lire sterline.[68] La 31 martie 1919, aceasta crescuse la 7,434 miliarde de lire sterline[69], din care 3 miliarde de lire sterline sunt încă de plătit, la 95 de ani distanţă, la o rată a dobânzii de 3,5% pe an. În 1919, 40% din toate cheltuielile bugetare erau dedicate plăţii dobânzilor. În timpul celui de-al Doilea Război Mondial, datoria publică a crescut cu aproape 300%, trecând de la 7,1 miliarde de lire sterline în 1939 la 20,1 miliarde de lire sterline în 1945. La data de iunie 2014, aceasta se ridica la 1,3 trilioane

---

[64] W. Cobbett, *The Political Register,* Vol. XVIII, Nr. 1, Londra, 14 iulie 1810.

[65] Ibid., p. 207.

[66] W. D. Bowman, op. cit., 228 şi A. M. Andreades, op. cit., p. 417-427.

[67] A. M. Andreades, op. cit., p. xii şi p. 261.

[68] La câteva zile după ce Anglia a declarat război, la 4 august 1914, s-a luat o măsură de urgenţă prin emiterea a 300 de milioane de lire sterline în bancnote Bradbury de 10 şi 1 liră, fără datorii şi fără dobândă. Acestea au fost în curând înlocuite de împrumuturi de război. Profesorul Frederick Soddy, laureat al Premiului Nobel, a explicat modul fraudulos în care au fost contractate aceste împrumuturi: „Banca Angliei a publicat o circulară prin care oferea să împrumute cu 3% banii necesari pentru achiziţionarea Împrumuturilor de Război, pentru care contribuabilul trebuia să plătească 4% dobândă. Astfel, pentru fiecare liră împrumutată de contribuabil, banca primea 15 pence, iar subscriitorul fictiv 5 pence. Banca nu şi-a asumat niciun risc, deoarece deţinea noua subscriere ca garanţie a împrumutului până la rambursarea datoriei. » F. Soddy, *Wealth, Virtual Wealth and Debt,* G. Allen & Unwin, Londra, 1933, p. 255.

[69] A. N. Field, op. cit., p. 164-165

de lire sterline.[70] Cu toate acestea, dacă adăugăm toate angajamentele, inclusiv pensiile din sectorul public şi privat, aceasta depăşeşte 5 trilioane de lire sterline.

NAŢIONALIZAREA

La 14 februarie 1946, guvernul laburist a naţionalizat Banca Angliei. Acţionarii au primit obligaţiuni de stat în valoare de 11.015.100 lire sterline, rambursabile după 20 de ani. Această naţionalizare, care trebuia să pună banca sub control public, nu a modificat în niciun fel sistemul bancar privat de rezerve fracţionare şi a fost întreprinsă doar în scopuri de propagandă, figurând pe lista programului de naţionalizare al Partidului Laburist a anumitor sectoare financiare şi industriale.

La 6 aprilie 1974, Banca Angliei a înregistrat Bank of England Nominees Limited, societate înregistrată sub numărul 1307478, o filială deţinută în totalitate, ai cărei acţionari privaţi deţineau cele 100 de acţiuni ale sale, cu o valoare de 1 liră sterlină fiecare, dintre care 50% au fost vândute. Unii suspectează că această reorganizare a modului de gestionare a băncii reprezintă o preluare inversă a acesteia de către acţionari privaţi. Având în vedere faptul că anumite aspecte ale operaţiunilor Băncii Angliei sunt protejate de Carta Regală, secţiunea 27 (9), precum şi de Legea societăţilor comerciale din 1976 şi de Legea secretelor de stat din 1989, nefiind astfel supusă niciunui fel de control public şi nici măcar unei simple examinări parlamentare, această presupunere s-ar putea dovedi pe deplin întemeiată.

[70] www.nationaldebtclocks.com/unitedkingdom.htm

CAPITOLUL III

BOURBONII, NAPOLEON ȘI BANCA FRANȚEI

Faptele mortale dezvăluite aici m-au determinat să mă întreb: cum de acest monstru, interesul, nu a devorat încă întreaga rasă umană.

– Napoleon Bonaparte,
în timp ce examina un tabel cu dobânzi.

Când Banca Angliei a fost înființată în 1694, unul dintre principalele sale obiective era de a furniza fondurile necesare pentru continuarea ostilităților împotriva Franței. La acea vreme, Franța era prima putere mondială. Atât în ceea ce privește forța maritimă, cât și posesiunile teritoriale. Cu patru ani înainte, în timpul bătăliei de la Beachy Head, lângă Eastbourne, în Anglia, marina franceză învinsese categoric flota engleză, scufundând douăsprezece nave, în timp ce alte douăzeci fuseseră sabordate de echipajele lor engleze.[71]

Începând cu 7 iunie 1654, Franța era condusă de cel mai glorios monarh al său, Ludovic al XIV-lea, Regele Soare. Ludovic era foarte la curent cu intrigile bancherilor. Când a descoperit că ministrul său de finanțe, Nicolas Fouquet, era un reprezentant al ceea ce numim astăzi puterea monetară și a primit dovezi irefutabile „că trădase încrederea acordată lui printr-o gestionare defectuoasă a fondurilor publice și printr-o corupție monstruoasă", l-a arestat. Fouquet a fost judecat și condamnat, fiind asupus arestului la domiciliu pentru tot restul vieții sale de zile în fortăreața inaccesibilă de la Pignerol.[72]

Războiul de succesiune al Spaniei (1702-1714) a fost cel mai

[71] În bătălia de la Trafalgar, din 21 octombrie 1805, francezii au pierdut o navă.
[72] W. G. Simpson, *Wich Way Western Man ?* Yeoman Press, Cooperstown, New York, 1978, 230.

mare conflict militar de la cruciade încoace. Acesta a izbucnit după ce Ludovic și-a declarat intenția de a-l pune pe nepotul său, Filip, ducele de Anjou, pe tronul Spaniei. Dacă această încercare ar fi avut succes, ar fi creat un vast imperiu franco-spaniol, reprezentând astfel o amenințare directă pentru Banca Angliei și pentru mandatarul acesteia, guvernul Marii Britanii. Datorită capacității sale de a crea bani din nimic, englezii au reușit să construiască o flotă importantă și să cumpere loialitatea dușmanilor Franței, mituindu-i generos.

Ludovic s-a menținut la putere timp de nouă ani, până când moștenitorii săi au început să moară în circumstanțe ciudate. La 13 aprilie 1711, fiul său Ludovic, Marele Delfin, a murit presupus de variolă, deși contractase deja boala în copilărie. La 12 februarie 1712, soția nepotului său, ducele de Burgundia, a murit în urma unui acces de febră. Câteva zile mai târziu, soțul ei, acoperit de erupții cutanate, a decedat la 18 februarie 1712 din cauze necunoscute. Câteva săptămâni mai târziu, cei doi strănepoți ai regelui s-au îmbolnăvit de scarlatină. Ducele de Bretania, în vârstă de cinci ani, a murit la 18 martie 1712. Fratele său de trei ani, ducele de Anjou, a supraviețuit miraculos după ce regele a ordonat izolarea lui și tratarea cu un antidot.

În urma acestor tragedii, regele a fost convins să înceteze ostilitățile și să inițieze negocieri. La Utrecht a fost semnat un tratat în martie și aprilie 1713, ceea ce a permis Franței să-și păstreze în mare parte granițele de dinainte de război. De atunci, moștenitorii tronului francez au încetat să mai moară, deși acest lucru nu l-a împiedicat pe celălalt nepot al lui Ludovic, ducele de Berry, care era regentul viitorului Ludovic al XV-lea, să moară într-un „accident" neobișnuit de călărie.[73]

Copleșit de durere, Regele Soare a murit din cauze naturale la 1 septembrie 1715.

Capacitatea englezilor de a controla sume uriașe de bani nu scăpase vigilenței francezilor, aceștia din urmă înțelegând că

[73] N. Starikov, *Rouble Nationalization The Way to Russia's Freedom*, Sankt Petersburg, Piter, 2013, 57-58.

războiul nu fusese câştigat din cauza unei deficienţe de credit financiar. La 1 mai 1716, un scoţian, John Law, a primit autorizaţia de a deschide o bancă privată, Banca Generală. Aceasta era modelată după Banca Angliei şi a fost autorizată să emită bancnote şi să le schimbe pe aur.[74]

Regentul lui Ludovic al XV-lea, Filip al II-lea, duce de Orléans, a realizat că banca putea oferi guvernului mijloacele necesare pentru a-şi acoperi cheltuielile şi, în 1718, a fost înfiinţată prima bancă centrală a Franţei, care a fost redenumită Banca Regală.

Adoptarea modelului Băncii Angliei, bazat pe capacitatea de a crea monedă *din nimic*, a permis în curând economiei franceze să-şi revină şi să înflorească din nou. Cu toate acestea, această perioadă de prosperitate a fost de scurtă durată. În ianuarie 1720, guvernul francez a contractat un împrumut record de 100 de milioane *de lire*. În luna următoare, s-a răspândit zvonul că banca întâmpina dificultăţi în a schimba bancnotele cu monede de aur, iar o „panică îngrozitoare" a urmat.[75] Originea acestui zvon nu este cunoscută, dar suspectul probabil ar fi fost Banca Angliei, care dorea să-şi distrugă rivalul periculos.[76]

Au existat diverse încercări de a salva Banca Regală. Un decret din 11 martie 1720 a interzis utilizarea monedelor începând cu 1 mai. Când această măsură nu a reuşit să oprească catastrofa iminentă, a fost promulgat un decret la 22 mai 1720 care a redus cu 50% valoarea bancnotelor. Un al treilea decret din 10 octombrie 1720 declara că, începând cu 1 noiembrie, bancnotele vor fi retrase din circulaţie şi vor putea fi schimbate cu bonuri de stat devalorizate cu 50% din valoarea lor. În noiembrie 1720, Banca Regală s-a declarat în faliment, iar fondatorul său, controlorul general al finanţelor, John Law, a fugit din ţară în luna următoare. Pentru Banca Angliei, dispariţia Băncii Regale a reprezentat un triumf absolut.

---

[74] Aceste evenimente sunt mai cunoscute sub numele de „afacerea Companiei Mississippi".
[75] N. Starikov, op. cit., 59.
[76] A se vedea capitolul IV, pentru o descriere a modului în care Banca Angliei a distrus moneda asignatelor din Franţa revoluţionară.

Ludovic al XIV-lea, Regele Soare, a dat întotdeauna dovadă de neîncredere faţă de bancheri. Incapacitatea sa de a-şi finanţa armatele şi marina l-a condus la înfrângere în timpul războiului de succesiune al Spaniei (1702-1714)

NAPOLEON, REFORMATORUL MONETAR

Napoleon, care a fost împărat al Franței între 1804 și 1815, a fost întotdeauna conștient de faptul că puterile banilor rămân mereu în umbră și acționează doar prin intermediul unor agenți, care sunt adesea ei înșiși în necunoștință de cauză cu privire la scopurile pe care le urmăresc. El a realizat că finanțele internaționale stăteau la pândă în spatele fiecărui dușman străin, al fiecărui monarh și al fiecărui partid politic, inclusiv al iacobinilor[77], declarând într-o zi că: „Mâna care dă este deasupra mâinii care primește. Finanțiștii nu au patrie, sunt lipsiți de patriotism și de decență: singurul lor obiectiv este câștigul."[78] Avea idei foarte clare despre modul în care dorea să gestioneze economia franceză. Își definea sistemul ca fiind unul menit să exploateze resursele guvernului, inclusiv finanțele sale, în beneficiul poporului său și pentru slava lui Dumnezeu. Sistemul său era în favoarea menținerii supremației spirituale asupra valorilor materiale, a națiunii asupra partidelor politice, a patriotismului asupra lăcomiei cosmopolite, a loialității asupra terorii despotice.[79]

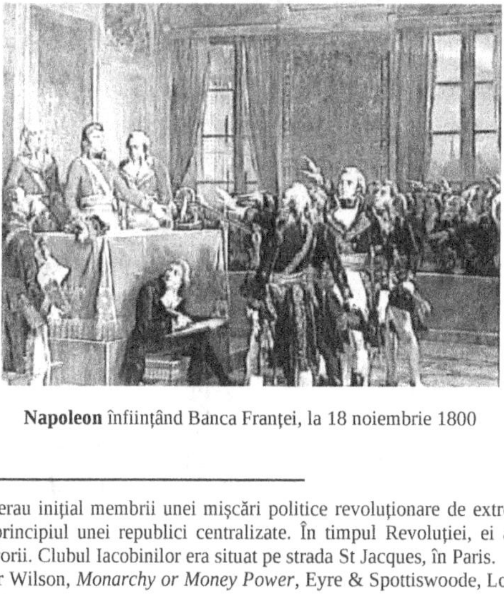

Napoleon înființând Banca Franței, la 18 noiembrie 1800

[77] Iacobinii erau inițial membrii unei mișcări politice revoluționare de extremă stânga, care apăra principiul unei republici centralizate. În timpul Revoluției, ei au instaurat Regimul Terorii. Clubul Iacobinilor era situat pe strada St Jacques, în Paris.

[78] R. McNair Wilson, *Monarchy or Money Power*, Eyre & Spottiswoode, Londra, 1934, p. 92.

[79] În acest sens, similar cu deviza Franței de la Vichy: *„Munca, Familia, Patria"*.

Baza economiei trebuia să fie agricultura: „căci ea este sufletul poporului... temelia Regatului.”[80] Urma industria, care: „asigură confortul și fericirea populației”[81] La următorul loc venea comerțul exterior, constituit exclusiv din surplusul agriculturii și al industriei. Potrivit lui: „comerțul exterior trebuie să fie în serviciul agriculturii și al industriei naționale, acestea din urmă nefiind niciodată subordonate acestuia.”[82] Obiectivul final al lui Napoleon era să asigure nu numai independența financiară, ci și autosuficiența în producția bunurilor consumate la nivel național.

Napoleon nu a permis niciodată ca statul să recurgă la împrumuturi pentru cheltuielile curente, fie ele civile sau militare, sub nicio formă. În ceea ce privește datoria, el a declarat:

> „Mi-a fost de ajuns să mă gândesc la ce pot duce împrumuturile pentru a-mi da seama de pericolul pe care îl reprezintă. De aceea, nu am vrut niciodată să am de-a face cu ele și m-am opus întotdeauna cu fermitate recurgerii la ele. Unii au afirmat că nu subscriam împrumuturi pentru că nu aveam credit și nu găseam pe nimeni dispus să-mi împrumute bani. Aceasta denotă o cunoaștere foarte limitată a naturii umane și o ignoranță totală a metodelor financiare, dacă acești oameni își imaginează că nu puteam găsi pe nimeni de la care să mă îndatorez. Pur și simplu, acest lucru nu făcea parte din sistemul meu.”[83]

BANCA DE STAT A IMPERIULUI FRANCEZ

Prima inițiativă a lui Napoleon când a preluat puterea în calitate de Prim Consul, la 9 noiembrie 1799, a fost înființarea Băncii Franței, la 18 ianuarie 1800, sub forma unei societăți pe acțiuni, care și-a început activitatea la 20 februarie în același an. Această bancă a înlocuit cele 15 bănci private, în principal

[80] R. McNair Wilson, op. cit., p. 97.
[81] Ibid. p. 97.
[82] Ibid., p. 97.
[83] Ibid., p. 96.

evreiești, care fuseseră profund implicate în evenimentele care au dus la Revoluția Franceză din 1789 până în 1799.[84] Aceste bănci percepeau dobânzi exorbitante pentru creditele acordate coroanei franceze, într-o asemenea măsură încât, înainte de 1789, aceasta din urmă aloca peste 50% din cheltuielile sale pentru plata acestora.

Banca a fost înființată cu un capital social de 30 de milioane de franci, împărțit în 30.000 de acțiuni de câte 1.000 de franci fiecare, dintre care o parte a fost subscrisă de Napoleon, familia sa și membrii anturajului său.[85] Dividendele acționarilor erau inițial limitate la 6% pe an, dar au fost majorate în 1806 la două treimi din profiturile băncii, restul de o treime fiind alocat rezervelor. Cei mai importanți două sute de acționari alegeau cei 15 regenți sau directori, care făceau parte din Consiliul General de Administrație al Băncii, și trei cenzori sau inspectori, care supravegheau gestionarea acesteia.

Consiliul de Administrație, la rândul său, alegea un Comitet Central format din trei membri, dintre care unul era președinte.[86] Napoleon s-a numit pe sine președinte al Băncii, declarând că „Banca nu aparține doar acționarilor, ci și Statului, deoarece acesta din urmă i-a acordat privilegiul de a emite monedă. „Doresc ca banca să fie suficient de mult în mâinile statului, fără a fi însă prea mult."[87]

La 14 aprilie 1803, printr-o lege votată în parlament, Napoleon a abolit dreptul exercitat de două bănci rivale, *Caisse d'Escompte de Commerce* și *Comptoir Commercial*, de a emite bancnote. Așa cum a remarcat el la acea vreme:

> „Nu mi-ați spus oare că, pentru a păstra creditul, era necesar ca moneda artificială, precum cea creată de Banca Franței, să fie emisă dintr-o singură sursă? Adopt

[84] C. Quigley, *Tragedy and Hope, A History of the World in Our Time,* The Macmillan Company, New York, 1966, p. 515.
[85] www.banque-france.fr/en/banque-de-france/history/the-milestones/1800-creation-of-the-banque-de-france.html
[86] O istorie a activității bancare în toate națiunile importante, inclusiv Statele Unite, Rusia, Olanda, țările scandinave, Canada, China și Japonia; compilată de 13 autori. Publicată de editorul revistei „*The Journal of Commerce and Commercial Bulletin*", New York, 1896, vol. 3 (Franța, Italia, Spania, Portugalia, Canada).
[87] Encyclopedia Britannica, 1964, vol. 3, p. 132.

> această idee. O singură bancă poate fi supravegheată mai ușor decât mai multe – atât de către guvern, cât și de către popor. În caz de urgență, nu văd niciun avantaj într-o astfel de concurență."[88]

La 22 aprilie 1806, a fost promulgată o nouă lege, care a înlocuit cei trei membri ai Comitetului Central cu un guvernator și doi adjuncți.[89] Aceste numiri au fost aprobate personal de Napoleon. Noua lege a ridicat capitalul Băncii la 90 de milioane de franci. Napoleon era atât de neîncrezător și de suspicios față de bancheri, încât a supravegheat operațiunile Trezoreriei, pentru a evita ca secretele politicii sale monetare să fie divulgate și exploatate de speculatorii d. El era astfel propriul său bancher, care controla atât crearea, cât și distribuția monedei și a creditului, spre marea nemulțumire a bancherilor internaționali, în special a familiei Rothschild, care se trezeau practic excluși din operațiunile de pe piețele continentale. Napoleon a făcut din franc cea mai stabilă monedă din Europa. După ce Franța a părăsit piața împrumuturilor din City-ul Londrei, o ceață de depresie s-a așternut asupra frăției bancherilor și cămătarilor. În mod revelator, presa engleză a început să răspândească calomnii la adresa lui Napoleon. Acesta a fost acuzat că nu a respectat condițiile Tratatului de la Amiens, care fusese semnat între Anglia și Franța la 25 martie 1802. Relațiile s-au tensionat când Napoleon a refuzat să semneze un acord comercial, menit să sporească „libertatea comerțului" și să permită ceea ce astăzi se numește globalizare, forțându-l astfel să reducă autarhia și izolaționismul politicii sale continentale.

Anglia, sub îndrumarea bancherilor săi internaționali, s-a angajat atunci să finanțeze[90] Austria, Prusia, Rusia, Spania și Suedia și a declarat imediat război Franței. Forțele coaliției[91] depășeau 600.000 de oameni. Napoleon nu putea aduna nici măcar o treime din acest număr și ar fi trebuit, prin urmare, să

---

[88] Editorul *The Journal of Commerce and Commercial Bulletin*, op. cit.
[89] Ibid.
[90] Conform *Encyclopedia Britannica*, 1964, vol. 19, p. 573, familia Rothschild a „strâns" 100 de milioane de lire sterline pentru diferite guverne europene în timpul războaielor napoleoniene.
[91] Aceasta a fost prima dintre cele șase coaliții militare diferite.

recurgă la împrumuturi bancare pentru a-şi înarma şi hrăni trupele. La 20 decembrie 1803, el a luat-o înaintea instigatorilor la război, vânzând Louisiana Statelor Unite pentru 3 milioane de lire sterline. A urmat o scurtă perioadă de pace şi prosperitate. Cu toate acestea, în 1806, o nouă coaliţie formată din Anglia, Rusia şi Prusia, la iniţiativa acesteia din urmă, a pornit pe calea războiului. Deşi le-a învins la Iéna, pe 14 octombrie 1806, Napoleon a fost nevoit să se angajeze într-o serie de războaie inutile în următorii nouă ani, pentru a proteja Franţa şi noul său sistem economic. El a promulgat Blocada Continentală, ale cărei obiective erau de a distruge comerţul exterior al Angliei, deoarece ştia că englezii nu puteau să-şi plătească importurile şi să-şi finanţeze aliaţii în acelaşi timp.

Tratatul de la Tilsit – Napoleon şi ţarul Alexandru I semnează tratatul pe o plută pe râul Neman.

În cadrul Tratatului de la Tilsit, semnat la 7 iulie 1807 pe o plută în mijlocul râului Neman, în Prusia de Est, Napoleon şi ţarul Alexandru I au încheiat o alianţă care îi făcea stăpânii Europei continentale. Alexandru a acceptat să se alăture Blocadei Continentale a lui Napoleon împotriva Angliei şi să-şi acorde sprijin reciproc în cazul unor conflicte cu alte naţiuni, în special cu Imperiul Britanic. La acea vreme, Franţa şi Rusia erau singurele două țări din Europa care nu se aflau sub jugul sistemului de cămătărie și, prin urmare, nu aveau datorii față de familia Rothschild. Astfel, acestea erau singurele două națiuni libere și independente. Cu toate acestea, câțiva ani mai târziu, Rusia a început să încalce blocada. Această acțiune se baza pe faptul că Rusia, o națiune care producea în principal materii prime, avea o capacitate industrială redusă și rămânea dependentă de Anglia pentru importul de produse manufacturate. Alexandru era dispus să continue blocada doar dacă Franța îi furniza bunurile importate anterior din Anglia. Franța nu era în măsură să îndeplinească aceste cerințe, deoarece Anglia stăpânea mările și nu existau rute rutiere sau infrastructură feroviară în Europa la acea vreme. Astfel, pentru a menține blocada, Napoleon a decis să invadeze Rusia la 24 iunie 1812 cu o armată de 500.000 de soldați. Deși a ajuns la Moscova pe 14 septembrie 1812, a constatat că orașul fusese abandonat, iar retragerea sa din iarna următoare s-a transformat într-un dezastru, doar 110.000 de oameni din contingentul său supraviețuind. În anul următor, Napoleon a fost învins în „Bătălia Națiunilor" la est de Leipzig, pe 19 octombrie 1813. Pe 11 aprilie 1814, a abdicat la Fontainebleau.

După ce a fost exilat pe insula Elba, situată între Corsica și Toscana, Napoleon a încercat o revenire în bătălia de la Waterloo, în actuala Belgie, la 18 iunie 1815. Toate părțile beligerante, Anglia, Prusia și Franța, au fost finanțate de Nathan Rothschild, de la care Franța a contractat un împrumut de 10 milioane de lire sterline.[92] După înfrângerea sa, Napoleon a fost exilat pe insula britanică Sfânta Elena din Oceanul Atlantic de Sud, unde a murit în circumstanțe misterioase, deși era un bărbat în plină sănătate la vârsta de 51 de ani, pe 5 mai 1821. O examinare a rămășițelor lui Napoleon a revelat că a murit cu siguranță de otrăvire cu cianură, ca

[92] A se vedea N. Ferguson, *The House of Rothschild, Money's Prophets 1798-1848*, vol. 1, Penguin Books, Londra, 1999, pp. 95-99, despre modul în care a fost finanțată armata Ducelui de Wellington. În 1936, Eberhard Müller a scris o piesă de teatru intitulată *Rothschild Wins at Waterloo/Rothschild câștigă la Waterloo*, în care Rothschild explică: „Banii mei sunt peste tot, iar banii mei sunt prietenoși. Este cea mai prietenoasă putere din lume, grasă, rotundă ca o minge și zâmbitoare."; „Patria mea este Bursa de la Londra"; și „Averea Angliei se află în mâinile mele.", p. 23.

urmare a unei intoxicații cronice cu arsenic.[93] Într-un astfel de caz, nu există nicio îndoială că ar fi vorba de opera unui asasin mandatat de Rothschild, ceea ce ar confirma o practică repetată constant în ultimele două secole, aceea de a-i asasina pe toți liderii care propun, instituie sau mențin un sistem bancar fără dobândă.[94]

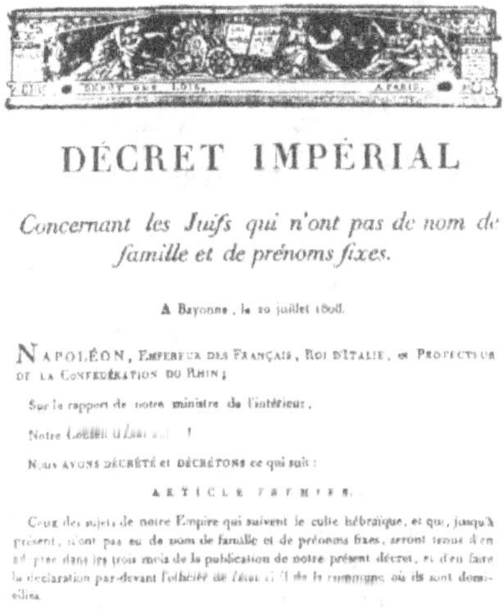

DÉCRET IMPÉRIAL

Concernant les Juifs qui n'ont pas de nom de famille et de prénoms fixes.

A Bayonne, le 20 juillet 1808.

NAPOLÉON, EMPEREUR DES FRANÇAIS, ROI D'ITALIE, et PROTECTEUR DE LA CONFÉDÉRATION DU RHIN;

Sur le rapport de notre ministre de l'intérieur,

Notre Conseil d'État entendu,

NOUS AVONS DÉCRÉTÉ et DÉCRÉTONS ce qui suit:

ARTICLE PREMIER.

Ceux des sujets de notre Empire qui suivent le culte hébraïque, et qui, jusqu'à présent, n'ont pas eu de nom de famille et de prénoms fixes, seront tenus d'en adopter dans les trois mois de la publication de notre présent décret, et d'en faire la déclaration par-devant l'officier de l'état civil de la commune où ils sont domiciliés.

Pentru a facilita asimilarea evreilor în societatea franceză, Napoleon a emis un decret în 1808, ordonând tuturor evreilor să adopte nume de familie și să utilizeze aceste nume pe toate documentele. Într-o scrisoare adresată fratelui său mai mic, Jérôme, scrisă în 1808,

93 www.napoleon-series.org/ins/weider/c_assassination_w.html Cauzele morții lui Napoleon au fost examinate minuțios de regretatul Ben Weider, care, la 18 februarie 1998, a ținut o conferință intitulată *The Assassination of Napoleon/Asasinarea lui Napoleon* la Academia Militară de la Sandhurst, Londra. Weider l-a identificat pe contele Charles Tristan de Montholon ca fiind probabilul otrăvitor. Acesta era în contact zilnic cu împăratul și avea un caracter suficient de desfrânat și un trecut criminal pentru a se potrivi perfect profilului unui asasin mandatat în secret de Rothschild. Arsenicul, o substanță incoloră, inodoră și fără gust, i-a fost probabil administrat lui Napoleon în consumul său zilnic de vin provenit din Capul Bunei Speranțe. (Cf. Moartea baronului Piotr Wrangel (1878-1928), comandant-șef al Armatei Albe Ruse din Sud, care a fost otrăvit din ordinul lui Stalin de către fratele majordomului său, care locuia împreună cu familia Wrangel la Bruxelles, în Belgia).

94 Majoritatea președinților americani care au fost asasinați erau implicați în reforme monetare. Este vorba de președinții Abraham Lincoln, James Garfield, William McKinley, Warren G. Harding și John F. Kennedy. Președintele Richard M. Nixon a manifestat un mare interes pentru o reformă a Rezervei Federale în timpul mandatului său, iar acest lucru ar fi putut fi un factor care a contribuit la căderea sa.

Napoleon declară: „M-am angajat să-i reformăm pe evrei, dar nu intenționez să atrag alții în regatul meu... Este necesar să reducem, dacă nu chiar să distrugem, tendința evreilor de a practica un număr mare de activități dăunătoare civilizației și ordinii publice a societăților din întreaga lume. Este necesar să oprim răul prevenindu-l; pentru a-l devansa, este indispensabil să-i schimbăm pe evrei... Odată ce o parte din tineretul lor va fi luat loc în cadrul armatei noastre, ei vor înceta să mai nutrească interese și sentimente evreiești; interesele și preocupările lor vor fi franceze."

REALIZĂRILE ALE BĂNCII DE STAT FRANCEZE

Ca parte integrantă a Codului Napoleon (*Codul civil al francezilor*), Napoleon a promulgat un nou cod comercial la 21 martie 1804. Aceste reforme economice, care includeau o reducere substanțială a impozitelor, au permis economiei franceze să-și revină rapid și au determinat o creștere a schimburilor comerciale și dezvoltarea de noi industrii, precum cele ale bumbacului și zahărului din sfeclă, toate acestea fiind susținute și însoțite de bariere vamale împotriva mărfurilor străine și de credite cu rate de dobândă foarte mici. Infrastructura a fost îmbunătățită pe scară largă, nu doar în Franța, ci în toată Europa de Vest, prin construirea a 32.186 km de drumuri imperiale și 19.312 km de drumuri regionale, aproape 1.609 km de canale, poduri, dragarea și extinderea porturilor precum Cherbourg și Dunkerque, racordarea la apa potabilă, înflorirea clădirilor publice, precum galeria Luvru – toate acestea finanțate cu bani fără dobândă emiși de Banca Franței.

Napoleon a înființat, de asemenea, un Consiliu al Industriei, care furniza date și informații industriei naționale, apoi a urmat Universitatea Imperială, însărcinată cu administrarea educației francezilor, școlile specializate sau *liceele* dedicate studiului ingineriei, științei și tehnicii, școlile profesionale dedicându-se formării moașelor, predării obstetricii și științei veterinare.

Napoleon va descrie mai târziu aceste realizări medicului său irlandez, Barry O'Meara, pe insula Sfânta Elena, și a declarat că acestea erau monumentele care vor rămâne după el. « Puterile coaliției nu-mi vor putea lua niciodată meritul marilor lucrări publice pe care le-am întreprins, nici al drumurilor pe care le-am trasat prin Alpi[95], nici al mărilor pe care le-am unit. Nu pot pune piciorul nicăieri fără să dea peste urmele lăsate de ai mei. Nu pot şterge codul de legi pe care l-am elaborat şi care va rămâne în posteritate."[96]

În concluzie, putem lua în considerare unele dintre realizările pe care Napoleon le-a enumerat fostului său camerier şi tovarăş de zi cu zi timp de 18 luni la Sfânta Elena, contele de Las Cases:[97]

> „Am inspirat Franţei şi Europei idei noi care nu vor fi niciodată uitate... finanţele Franţei sunt cele mai bune din lume. Cui se datorează acest lucru? Dacă nu aş fi fost detronat, aş fi realizat o schimbare completă în domeniul comerţului şi al industriei. Eforturile francezilor au fost extraordinare. Prosperitatea şi progresul erau prezente pretutindeni. Idei noi apăreau din toate părţile, erau publicate şi difuzate, pentru că m-am străduit să introduc ştiinţa în rândul poporului... Dacă mi s-ar fi dat timp, în curând nu ar mai fi existat niciun meşteşugar în Franţa; toţi ar fi devenit artişti."[98]

---

[95] Pasul Simplon. Unul dintre principalele motive pentru care Napoleon a construit acest pas a fost acela de a facilita transportul artileriei sale în Italia.

[96] I. Tarbell, *A Short Life of Napoleon*, S. S. Mcclure Limited, New York, 1895, cap. VI Napoleon ca şef de stat şi legiuitor – Finanţe – Industrii – Lucrări publice. http://history-world.org/Napoléon7.htm

[97] Contele Emmanuel Augustin Dieudonné Joseph Las Cases (1766-1842). El a consemnat amintirile, reflecţiile şi aspiraţiile lui Napoleon, care au fost publicate mai târziu în *Le Mémorial de Sainte-Hélène*.

[98] R. McNair Wilson, op. cit., p. 98-99. Autorul a vizitat casa în care Petru cel Mare a locuit pentru o scurtă perioadă la Zaandam, în Olanda, în 1697. Napoleon vizitase, de asemenea, casa la 13 octombrie 1811 şi îşi semnase numele cu fast pe unul dintre pereţii interiori: Napoleon Bonaparte Imperator.

CAPITOLUL IV

UN SECOL DE LUPTĂ (1815-1918): ROTHSCHILD ÎMPOTRIVA POPOARELOR

Cine ține balanța lumii?
Cine domnește asupra congresului regalist sau liberal?
Cine trezește la viață pe patrioții fără cămașă din Spania?
(Patrioți care fac atâta vâlvă în ziarele vechii Europe.)
Cine revarsă asupra lumilor vechi și noi suferința sau plăcere? Cine face politica mai fluidă?
Cine poate rezista îndrăzneală lui Bonaparte? –
Evreul Rothschild și colegul său, creștinul Baring.

- Lord Byron, *Don Juan*, *Cântul al XII-lea*

BĂNCILE CENTRALE DIN STATELE UNITE

După cum va demonstra acest capitol, toate experiențele Statelor Unite cu băncile centrale au fost dezastruoase.

În perioada colonială, coloniile americane își creau propriile bancnote. Prima colonie care a făcut acest lucru a fost Massachusetts, în 1691. Pennsylvania, statul New York, Delaware și Maryland li s-au alăturat în curând. Își numeau moneda „colonial script" (scris colonial) sau „letters of exchange" (scrisori de schimb). Acest sistem le-a eliberat de sub controlul băncilor engleze și le-a permis să-și gestioneze afacerile financiare într-un mediu lipsit de inflație și cu foarte puține taxe. În toate coloniile s-a dezvoltat o creștere economică, rezultând o mare prosperitate, ceea ce nu ar fi fost posibil sub un sistem bancar privat bazat pe camătă.

În 1763, omul de stat american Benjamin Franklin (1706-1790) a vizitat Londra, unde a fost șocat să vadă cartierele mizerabile d a și sărăcia foarte răspândită. Când parlamentul britanic l-a rugat pe Franklin să explice originea prosperității coloniilor americane, acesta a răspuns astfel:

> „Este foarte simplu. În colonii emitem propria noastră monedă. Se numește efect colonial. O emitem proporțional cu nevoile comerțului și industriei pentru a facilita schimbul dintre producători și consumatori. În acest fel, creând noi înșine propria noastră monedă, controlăm puterea sa de cumpărare și nu avem niciun interes să plătim nimănui."

În anul următor, în 1794, Banca Angliei a introdus Currency Bill[99], care a restricționat sever dreptul coloniilor de a-și emite propria monedă și a interzis de fapt statutul său legal pentru plata datoriilor publice și private. În schimb, banca le-a obligat să emită bonuri de trezorerie purtătoare de dobândă și să le vândă Băncii Angliei pentru a obține în schimb monedă engleză. Ulterior, doar jumătate din monedă a fost restituită. Această lege a avut ca efect prăbușirea economiei coloniilor și, într-un an, mai mult de jumătate din populație s-a trezit șomeră și a căzut în sărăcie. Stamp Act din 1765 (Legea timbrului), votată de parlamentul britanic, a fost picătura care a umplut paharul, dar abolirea monedei coloniale a fost cauza principală a Revoluției Americane.

Una dintre primele sarcini încredințate celui de-al doilea Congres Continental, care s-a reunit pentru prima dată la 10 mai 1775, a fost emiterea propriei monede, în principal pentru a finanța cheltuielile de război. Pe parcursul întregii existențe a acestei monede, s-a emis un total de 241.552.788 de dolari. Banca Angliei a reacționat prompt. Sute de muncitori au fost recrutați și, în scurt timp, milioane de dolari în bancnote contrafăcute ieșeau de la tipar și erau expediate la New York. Dolarul continental și-a păstrat puterea de cumpărare principală în primii doi ani de la emisiune, dar odată ce bancnotele false englezești au început să intre în circulație, valoarea sa s-a prăbușit și, în 1780, un dolar nu mai valora decât 2,5 cenți.

---

[99] 4 Geo. IIIc. p. 34.

Cincisprezece ani mai târziu, în 1790, Banca Angliei a organizat o operațiune similară, angajând 400 de muncitori în 17 fabrici din centrul și sudul Angliei, pentru a tipări *asignatele*, care erau moneda Franței revoluționare. *Asignatele*, care erau indexate pe domeniile clericale, au circulat cu succes la început, ca mijloc de schimb eficient și practic. O parte semnificativă a datoriei publice a fost rambursată. Cu toate acestea, în 1792, infuzia masivă de bancnote falsificate a provocat în curând prăbușirea valorii *asignatelor*, urmată de o scurtă perioadă de hiperinflație. La 14 aprilie 1803, Napoleon Bonaparte a inaugurat francul emis de guvern, care a devenit monedă cu putere legală în 1808.

First Bank of the United States, construită la Philadelphia în 1795. Principalul acționar al băncii era **Mayer Amschel Rothschild** (1744-1812)

Încă din 1781, înainte de încheierea Războiului de Independență, la 11 aprilie 1783, Robert Morris (1734-1806), superintendentul finanțelor, a promulgat o lege care reducea noul stat la sclavie, odată cu crearea Băncii Americii de Nord-. Această bancă și-a început activitatea la 4 ianuarie 1782. Ea a atras depozite importante de aur și argint în schimbul unor cambii obținute prin împrumuturi de la Franța și Țările de Jos, ceea ce i-a permis ulterior să emită hârtie-monedă pe baza rezervelor sale solide. Între 1791 și 1796, inflația a ajuns la 72%. În 1795, statul Pennsylvania s-a retras din jurisdicția sa din cauza „unei influențe străine alarmante și a unui credit fictiv”.[100]

La 25 februarie 1791, Banca Americii de Nord a fost înlocuită de o a doua bancă centrală, care a fost prezentată drept First Bank (Prima Bancă) a Statelor Unite. Aceasta a fost impusă prin intrigile lui Alexander Hamilton, secretarul Trezoreriei d[101], ale cărui acțiuni indică faptul că lucra mână în mână cu directorii Băncii Angliei, deoarece a modelat banca după aceasta din urmă. Noua bancă dispunea de un capital de 10 milioane de dolari, din care 20% erau deținute de guvernul american, iar restul era împărțit între investitori privați. Banca s-a confruntat cu o puternică opoziție din partea viitorilor președinți John Adams, James Madison și Thomas Jefferson (pe atunci secretar de stat), care avea să declare mai târziu:

> „Această Bancă Centrală este o instituție mortală care contravine tuturor principiilor și formei Constituției noastre... Consider că instituțiile bancare sunt mai periculoase pentru libertățile noastre decât armatele amenințătoare. Ele au dat deja naștere unei aristocrații a banilor care sfidează Guvernul. Puterea de emisiune ar trebui smulsă din mâinile băncilor și redată poporului, căruia îi aparține de drept. Dacă poporul american permite băncilor să controleze emisiunea monedei sale, mai întâi prin inflație, apoi prin deflație, băncile și corporațiile care vor înflori în jurul lor vor priva poporul de orice proprietate, până când copiii lor se vor trezi fără adăpost pe continentul pe care părinții lor l-au cucerit.”[102]

În anul următor, banca a organizat primul crah cunoscut sub numele de „Panica din 1792”. Inundând piața cu credite ușoare, apoi solicitând brusc rambursarea majorității acestora, banca a aruncat întreaga economie într-o stagnare generală.

[100] T. H. Goddard, *History of Banking Institutions of Europe and the United States*, H. C. Sleight, 1831, p. 48-50.

[101] Hamilton s-a născut pe 11 ianuarie 1755 sau 1757, dintr-o mamă franceză huguenotă, Rachel Faucett Levine, pe insula Nevis din Caraibe, la poalele Muntelui Sion. Este probabil ca Hamilton să nu fi fost numele său adevărat. Autorul a vizitat insula și Muzeul Hamilton.

[102] Scrisoare către maiorul John Cartwright, 5 iunie 1824.

Acest lucru a declanşat o mizerie socială, iar bursa s-a prăbuşit.

La sfârşitul anului 1795, banca împrumutase guvernului 6 milioane de dolari, adică 60% din capitalul său. Deoarece banca era pretins îngrijorată de stabilitatea finanţelor guvernamentale, a solicitat rambursarea parţială a împrumuturilor sale. Guvernul nu dispunea de fondurile necesare şi a fost astfel forţat să-şi vândă participaţia în bancă între anii 1796 şi 1802. Prin această stratagemă, banca a trecut în întregime sub control privat, cu 75% din acţiuni deţinute de străini.

În 1811, mandatul băncii trebuia reînnoit. Banca îşi ascundea profiturile, funcţiona în secret şi era neconstituţională. Ea fusese concepută în principal pentru a servi interesele financiare ale nordului, în detrimentul dezvoltării agricole a sudului, în timp ce democraţii-republicani (jeffersonienii) doreau să o desfiinţeze.

Fostul preşedinte Thomas Jefferson a fost unul dintre cei care „s-au opus cu vehemenţă"[103] reînnoirii legii. Ceea ce îngrijora în mod special legislatorii era faptul că banca se afla acum în proporţie de 100% în mâinile investitorilor străini. Presa descria legea care instituia această bancă centrală ca o „mare escrocherie", un „vultur", o „viperă" şi un „cobra".[104] În plus, susţineau că Congresul se bucura de dreptul constituţional de a reglementa greutăţile şi măsurile şi de a emite monedele de.[105] Legea a fost respinsă cu o majoritate infimă de 65 de voturi contra 64, ceea ce a fost o performanţă, deoarece există o mare probabilitate ca multe voturi favorabile să fi fost cumpărate. În cele din urmă, la 3 martie 1811, banca şi-a închis porţile.[106]

Când acţionarul principal al First Bank of the United States, Mayer Amschel Rothschild (pe numele său real Bauer), a aflat de profundele disensiuni privind reînnoirea statutului băncii, s-

---

[103] R. E. Search, *Lincoln Money Martyred*, Omni Publications, Palmdale, California, 1989, (publicat pentru prima dată în 1935), p. 38.
[104] Ibid., p. 38-39.
[105] Constituţia Statelor Unite, articolul I, secţiunea 8, clauza 5.
[106] http://eh.net/encyclopedia/the-first-bank-of-the-united-states/

a înfuriat şi a declarat că: „fie cererea de reînnoire a statutului va fi acceptată, fie Statele Unite se vor trezi implicate într-un război de-a dreptul dezastruos. ”[107] El a mai declarat: „O să le dau o lecţie acestor americani obraznici și o să-i readuc la stadiul colonial.” Rothschild a încercat să-l influenţeze pe prim-ministrul britanic Spencer Perceval să declare război Statelor Unite pentru a-şi recupera banca centrală privată.

În 1807, Perceval s-a alăturat cabinetului în calitate de cancelar al Trezoreriei. La acea vreme, Anglia era în război cu Franţa, iar una dintre principalele sale activităţi era strângerea de fonduri pentru finanţarea ostilităţilor. În loc să mărească impozitele, Perceval a contractat numeroase împrumuturi, iniţial de la Barings Bank şi, ulterior, în principal de la familia Rothschild. Secretarul lui Perceval era John Charles Herries, care fusese numit în această funcţie cu cinci ani înainte. Herries[108] era un prieten apropiat al lui Nathan Rothschild şi, până la moartea sa în 1858, a servit cu fidelitate cauza familiei Rothschild în cadrul diverselor funcţii pe care le-a ocupat în guvernul britanic, ca Prim Lord al Trezoreriei, Comisar General al Armatei, apoi Cancelar al Trezoreriei.

[109]Între timp, *agenţii provocatori* ai lui Rothschild răspândeau nemulţumirea în America de Nord. Pentru a-i provoca pe americani, britanicii au început să se amestece în schimburile comerciale ale Americii cu Franţa, care impusese la rândul ei un blocaj comercial împotriva Angliei. Deoarece Marina Regală rămăsese fără marinari, s-au angajat în recrutarea forţată a marinarilor americani. De asemenea, au furnizat arme triburilor indiene, în special şefului Chaouanons, Tecumseh, pentru a încetini şi a restricţiona expansiunea pionierilor spre vest. Americanii, la rândul lor, își manifestau dorința de a cuceri o parte din Canada.

În acelaşi timp, Perceval se confrunta cu o presiune crescândă din partea lui Nathan Rothschild pentru a declara război Statelor Unite. El a refuzat. Armata britanică era deja

[107] www.armchairgeneral.com/forums/showthread.hp%3Ft%3DA109776
[108] N. Ferguson, *The House of Rothschild, Money's Prophets 1798-1848,* Vol. 1, Penguin Books, Londra, 1999, p. 86.
[109] N.D.T.: în franceză în text.

împotmolită într-o situație fără ieșire în Spania și Portugalia (Războiul de Independență al Spaniei 1808-1814), luptându-se cu forțele lui Napoleon, așa că nu avea nicio dorință să implice și mai multe trupe și resurse, toate acestea finanțate prin împrumuturi bancare cu dobândă, doar pentru a apăra interesele bancare în declin ale lui Rothschild în America.

John Bellingham, ucigașul lui Spencer Perceval, s-a născut în jurul anului 1769 la St Neots, în Huntingdonshire. Între 1800 și 1802, a lucrat la Arhangelsk ca agent de import-export. S-a întors în Rusia în 1804, iar în noiembrie același an a fost acuzat pe nedrept că nu și-a achitat o datorie de 4.890 de ruble, ceea ce a dus la închisoarea sa timp de patru ani. La eliberare, Bellingham s-a stabilit pe Duke Street, în Liverpool. A adresat fără succes petiții guvernului pentru a primi o despăgubire.

Acest om amar și nedreptățit s-a regăsit în compania a doi negustori, Thomas Wilson, un american, și Elisha Peck,[110] un evreu american, care erau amândoi în favoarea abrogării decretului care interzicea națiunilor neutre să facă comerț cu Franța. Acest decret fusese adoptat de Perceval ca răspuns la Blocada Continentală a lui Napoleon, pe care acesta din urmă o instituise în 1806 și care interzicea schimburile comerciale între Anglia și Irlanda. Menținerea sa urma să fie dezbătută în parlament în acea seară fatală. Observăm astfel o convergență de interese: un om tulburat și plin de resentimente, doi negustori lacomi și marionetarul Rothschild care trage sforile din culise.

La 11 mai 1812, la ora 17:15, în timp ce Perceval intra în holul Camerei Comunelor, Bellingham s-a apropiat și l-a împușcat în inimă de la distanță mică. Perceval s-a prăbușit murmurând: „O crimă... Oh, Doamne!”[111] Apoi a murit în câteva minute. Patru zile mai târziu, Bellingham a fost judecat la Old Bailey (Înalta Curte Penală). Procesul a durat trei zile. O pledoarie pentru nebunie a fost respinsă. Scurtimea procesului s-a datorat probabil necesității de a împiedica orice dezvăluire

---

[110] http://guardian.com/books/2012/may/11/why-spencer-perceval-androlinklater-review

[111] M. Gillen, *Assassination of the Prime Minister: the shocking death of Spencer Perceval*, Sidgwick & Jackson, Londra, 1972, p. 185.

neplăcută. Ca de obicei în cazul acestui tip de asasinat politic, teoria „asasinului singuratic" trebuia păstrată cu orice preț. La 18 mai 1812, Bellingham a fost spânzurat.

Asasinarea prim-ministrului britanic, **Spencer Perceval,** de către asasinul lui Rothschild, John Bellingham

La câteva săptămâni după uciderea lui Perceval, decretul care interzicea națiunilor să facă comerț cu Franța a fost revocat.

În Camera Reprezentanților din Statele Unite, Henry Clay, care era francmason, a condus un grup de tineri democrați-republicani cunoscuți sub numele de „Șoimii de Război". Votul asupra declarației de război a fost decis la 1iunie 1812 cu 79 de voturi pentru și 49 împotrivă, cei 39 de federaliști refuzând să susțină legea. În Senat, votul a fost de 19 la 13 în favoarea acesteia. Deoarece nu a existat unanimitate, criticii se refereau adesea la această opoziție ca la „Războiul domnului Madison".

În Anglia, succesorul lui Perceval, Lord Liverpool, era un susținător entuziast al războiului. Cu toate acestea, niciuna dintre părțile beligerante nu a reușit să-și atingă obiectivele, cu excepția lui Nathan Rothschild, care și-a realizat planul de a înființa a doua Bancă a Statelor Unite, la 10 aprilie 1816. Când ostilitățile au încetat, după mai bine de doi ani, la 24 august 1814, se înregistraseră peste 24.000 de victime. Războiul a fost foarte costisitor pentru Statele Unite din punct de vedere financiar. Acesta a generat o datorie de război enormă de 105 milioane de dolari, care trebuie pusă în perspectivă cu populația de atunci, care era de abia opt milioane. Rezultatul a fost o creștere de 182% a datoriei naționale, de la 45 de milioane de dolari în 1812 la 127 de milioane de dolari în 1815. Pacea a fost semnată la Gent, în Belgia, la 24 decembrie 1814.

A doua Bancă a Statelor Unite dispunea de un capital extins de 35 de milioane de dolari. Banca a înființat imediat un număr mare de sucursale bancare pentru a împrumuta monedă fiduciară la rate de dobândă compuse. În 1822, președintele James Monroe l-a numit pe Nicholas Biddle președinte al băncii.

Biddle stabilise anterior contactul cu familia Rothschild în timpul unei vizite guvernamentale la Paris în 1804, când era secretarul delegatului ministerial al Statelor Unite în Franța, John Armstrong. În calitate de președinte al băncii, el a servit ca om de încredere al lui James de Rothschild, care era principalul investitor al băncii.[112]

[112] Patrick Carmack, Bill Still, *The Money Masters: How International Bankers Gained Control of America* (Video, 1998), text aici: http://users.cyberone.com.au/myers/money-masters.html

„Preşedintele Poporului", **Andrew Jackson**, care a supravieţuit unei tentative de asasinat înainte de a-şi exercita dreptul de veto asupra unei legi care ar fi autorizat reînnoirea statutului celei de-a doua Bănci a Statelor Unite, deţinută de Rothschild.

Recesiunea economică indusă artificial din 1819-1821 a fost foarte profitabilă pentru bancheri, deoarece aceștia au reușit să cumpere bunuri la preţuri reduse, ceea ce l-a convins în cele din urmă pe liderul democraţilor, Andrew Jackson, că singura modalitate de a pune capăt acestor abuzuri era închiderea băncii centrale. În timpul campaniei pentru realegerea sa din

1832, el a declarat: „monstrul trebuie să piară"[113], iar sloganul său principal era: „VOTAȚI ANDREW JACKSON – FĂRĂ BANCĂ". El a declarat: „Dacă Congresul are dreptul, conform Constituției, de a emite hârtie-monedă, trebuie să o folosească pentru sine și nu să delege această prerogativă vitală unor indivizi sau corporații."[114] El a mai declarat: „Dacă poporul american ar înțelege nivelul de nedreptate al sistemului nostru bancar și monetar, ar avea loc o revoluție înainte de mâine dimineață."

În ciuda unei tentative de asasinat, la 30 ianuarie 1835, comisă de un agent al lui Rothschild, Richard Lawrence; când, în 1836, a trebuit să fie reînnoită carta de 20 de ani a celei de-a doua Bănci a Statelor Unite, Jackson a falimentat banca retrăgând toate depozitele guvernului. El a rambursat rapid datoria națională în întregime, lăsând un surplus de 50 de milioane de dolari la Trezorerie. Banca centrală a fost înlocuită de un sistem de trezorerie independent bazat pe hârtie monetară și numerar recuperabil.

În timpul mandatului lui John Tyler (1841-1845), Congresul a făcut două încercări, cu sprijinul fostului purtător de cuvânt al Camerei Reprezentanților, Henry Clay, de a reînnoi statutul Băncii Statelor Unite. Clay, care devenise Mare Maestru al Lojei din Kentucky,[115], era un alt agent renumit aflat sub influența familiei Rothschild. Tyler și-a exercitat dreptul de veto asupra acestor două proiecte și s-a trezit ulterior inundat de sute de scrisori de amenințare cu moartea.[116]

În următorii 77 de ani, Statele Unite s-au dezvoltat fără a avea nevoie de vreo bancă centrală. Mijloacele sale de schimb se bazau în principal pe bancnotele emise fără datorii și fără

---

[113] R. V. Remini, *Andrew Jackson*, Twyne Publishers Inc., New York, 1966, p. 158.
[114] R. E. Search, op. cit., p. 43.
[115] Pentru o analiză a francmasoneriei, a se vedea J. Robison: *Proof of a Conspiracy against all the Religions and Governments of Europe, carried on in the Secret Meetings of Freemasons, Illuminati, and Reading Societies, collected from Good Authorities*, Western Islands, Belmont, Massachusetts, 1967, (publicată pentru prima dată în 1798), p. 304.
[116] O. P. Chitwood, *John Tyler Champion of the Old South*, Russell & Russell, 1964, (publicat pentru prima dată în 1939), p. 249-251.

dobândă de către Trezorerie, „greenback"-urile[117], utilizate pentru prima dată de preşedintele Abraham Lincoln în 1862, pentru a-şi finanţa cheltuielile militare în timpul Războiului de Secesiune; precum şi pe monedele de aur şi de argint.[118] (Până în 1873, aurul şi argintul puteau fi bătute gratuit sub formă de monede la toate monetăriile americane – atelierele monetare.) După ce a respins ofertele bancherilor privaţi de a împrumuta bani guvernului Statelor Unite la rate ale dobânzii cuprinse între 24% şi 36% pe an,[119] Lincoln, la sfatul prietenului său, colonelul Dick Taylor[120], a emis 347 de milioane de dolari în monedă, fără niciun alt cost pentru poporul american în afară de preţul tipăririi şi distribuţiei. Neîncrederea lui Lincoln faţă de Lionel Rothschild şi de unchiul său James a dus la asasinarea sa în noaptea de 15 aprilie 1865 de către John Wilkes Booth[121] (pe numele său real Botha), la cererea agentului local al lui Rothschild, pe nume Rothberg.

Războiul de Secesiune american (1861-1865) a lăsat guvernul SUA cu o datorie de 5 miliarde de dolari. Din cauza inflaţiei, aceste bonuri nu mai valorau decât 2,5 miliarde de dolari. O mare parte din aceste bonuri a fost cumpărată de agentul lui Rothschild, Auguste Belmont[122], în speranţa de a le valorifica la valoarea lor nominală în aur. În timpul alegerilor prezidenţiale d, din 1868, candidatul Partidului Democrat, George H. Pendleton, s-a angajat exclusiv la o plată în monedă de hârtie. El a fost în curând înlocuit de Horatio Seymour la iniţiativa lui Belmont, care preluase conducerea Comitetului Naţional Democrat în 1860. Seymour a promis o plată în numerar. Cu toate acestea, când Convenţia a adoptat o rezoluţie în favoarea hârtiei, Belmont a fost forţat să schimbe

[117] Guvernul Confederaţiei emitea propria monedă fără datorii şi fără dobândă, numită „graybacks". Acestea au avut însă mai puţin succes, deoarece o cantitate mare de monedă falsificată a fost produsă de guvernul Uniunii.

[118] *R. E. Search, op. cit., p. 67.*

[119] *Appleton Cyclopedia,* 1861, p. 286.

[120] Într-o scrisoare redactată la 16 decembrie 1864, Lincoln i-a mulţumit colonelului Taylor pentru ideea sa minunată. A se vedea anexa.

[121] R. E. Search, op. cit., p. 114-131. Booth era cunoscut pentru faptul că vorbea „limba ebraică" şi pentru că frecventa deseori slujbele de la sinagogă.

[122] Născut Schönberg în Alzey, Germania. A se vedea şi N. Ferguson, *The House of Rothschild, Money's Prophets 1798-1848,* Vol. 1, Penguin Books, Londra, 1999, p. 370-375.

tabăra și să-l susțină ulterior pe candidatul republican, generalul Ulysses S. Grant, și să-și folosească participațiile în *New York World* pentru a-l denigra pe Seymour și a-i submina șansele de a fi ales. Grant a câștigat președinția și, la începutul mandatului său în 1869, a introdus prompt Public Credit Act, care a organizat rambursarea valorii nominale a celor 5 miliarde de dolari în bonuri de trezorerie în aur. Acest lucru le-a permis lui Rothschild și asociaților săi să realizeze un profit de 100%.

Etalonul de argint a fost abolit și înlocuit cu etalonul de aur prin Legea Monetară din 1873. La 17 ianuarie 1873, această lege a fost votată de Senat. Conform mărturiei sub jurământ a domnului Frederick A. Luckenbach, din 9 mai 1892, acesta aflase de la domnul Ernest Seyd, la Londra, că demonetizarea argintului american fusese ordonată în mod expres de guvernatorii Băncii Angliei, care, în plus, cheltuiseră 100.000 de lire sterline (500.000 de dolari) pentru a mitui un număr suficient de membri ai Congresului american care se ocupau de chestiuni financiare.[123] Acest act infam este cunoscut sub numele de „Crima din 1873".

Renunțarea forțată la moneda de argint a poporului a fost organizată și în Imperiul German, când guvernul a încetat în mod inexplicabil să mai bată monede de argint de tipul *talerului* în 1871. Nu există nicio îndoială că a fost vorba de un plan sincronizat coordonat de familia Rothschild, pentru a consolida și mai mult etalonul aur.[124]

---

[123] Ibid., p. 66-68. Acest eveniment a fost descris ulterior într-un roman de W. H. Harvey, Coin Publishing Company, 1894. „Esența conspirației constă în faptul că bancherii din Londra, care erau evrei, hotărâseră să distrugă Statele Unite prin manipularea monetară. În *A Tale of Two Nations*, povestea este prezentată sub forma unui melodram în care păianjenul din centru este B. Rothe, un nume al cărui sens nu a fost pierdut de o generație care auzise multe lucruri despre fărădelegile familiei Rothschild. Pentru profitul său personal, Rothe decide că, pentru a împiedica America să devină puternică din punct de vedere financiar, trebuie să provoace demonetizarea monedei metalice. » R. Gollam, *The Commonwealth Bank of Australia: Origins and Early History*, Australian National University Press, Canberra, 1968, p. 45-46.

[124] A se vedea: *Official Proceedings of the Democratic National Convention*, ținută la Chicago, Illinois, în zilele de 7, 8, 9, 10 și 11 iulie 1896, (Logansport, Indiana, 1896), p. 226-234, unde fostul membru al Congresului William Jennings Bryan a ținut celebrul său discurs al *Crucii de Aur*: „... Vom răspunde la cererea lor de un etalon-aur spunându-le:

Etalonul aur a făcut ravagii în economia americană și le-a permis bancherilor privați să refuze împrumuturile și să restricționeze masa monetară după bunul lor plac. A urmat o serie de panici și de retrageri masive de fonduri din bănci, în 1873, 1884, 1890-91, 1893-94, 1897, apoi în 1903 și 1907.[125] Aceste panici bancare generate artificial l-au înfuriat atât de tare pe președintele James Abram Garfield, încât la scurt timp după preluarea funcției, pe 4 martie 1881, a făcut o declarație la mijlocul lunii iunie a aceluiași an, explicând că intenționa să rezolve problema:

> „Cel care controlează masa monetară a unei țări este stăpânul absolut al întregii industrii și al comerțului... Și când vă dați seama că întregul sistem este foarte ușor de controlat, într-un fel sau altul, de o minoritate de oameni puternici aflați la vârf, nu este nevoie să vă spun de unde provin perioadele de inflație și de depresiune."[126]

Președintele **James Abram Garfield** (în dreapta) a fost împușcat de un „asasin singuratic", Charles J. Guiteau, la Gara Centrală din Washington, pe 2 iulie 1881. În

nu puteți înfige această coroană de spini pe fruntea clasei muncitoare. Nu trebuie să răstigniți umanitatea pe o cruce de aur."

[125] C. A. Lindbergh, *The Economic Pinch (Lindbergh on the Federal Reserve)*, The Noontide Press, Costa Mesa, California, 1989, (prima ediție în 1923), p. 93-94.

[126] E. H. Brown, *The Web of Debt, The Shocking Truth About Our Money System and How We Can Break Free*, Third Millenium Press, Baton Rouge, Louisiana, 2008, p. 96.

centru se află secretarul de stat, James Blaine.

Două săptămâni mai târziu, Garfield a fost împuşcat de un „asasin singuratic", Charles J. Guiteau, care şi-a justificat ulterior gestul prin nemulţumirea faţă de o promovare la un post diplomatic. Garfield nu a murit imediat, ci, ca urmare a îngrijirilor medicale inadecvate care i-au fost acordate, cel mai probabil în mod deliberat, a agonizat până la moartea sa, survenită la 19 septembrie 1881. În timpul procesului său, mâna ascunsă a lui Rothschild a fost dezvăluită când Guiteau a exclamat că „oameni importanţi din Europa i-au încredinţat această sarcină şi i-au promis că îl vor proteja dacă va fi vreodată prins".[127]

Panica din 1907 a avut consecinţe dezastruoase. Încă de la începutul anului 1907, Jacob Schiff, directorul general al Kuhn, Loeb & Co., a avertizat: „Dacă nu vom avea o bancă centrală care să exercite un control adecvat asupra creditului, această ţară va cunoaşte cea mai gravă panică monetară pe care istoria a văzut-o vreodată. "[128] În octombrie acelaşi an, J. P. Morgan, un alt om de paie al lui Rothschild, a provocat panica răspândind zvonul că rivala sa, Knickerbocker Bank and Trust Co., era insolvabilă. În urma prăbuşirii care a urmat, acţiunile au pierdut 50% din valoarea lor la bursa din New York. Consecinţele acestei panici deliberate au fost o scădere de 11% a producţiei industriale în anul următor, o creştere de 26% a importurilor şi o explozie a ratei şomajului, aceasta din urmă crescând de la 3% la 8%. Aceste faze continue de expansiune şi recesiune, de inflaţie şi deflaţie au furnizat motivaţia şi pretextul pentru înfiinţarea unei bănci centrale, care trebuia să rezolve toate aceste probleme odată pentru totdeauna.

[127] http://en.wikipedia.org/wiki/James_A._Garfield
[128] Discurs ţinut la Camera de Comerţ din New York.

ÎNFIINȚAREA BĂNCII REZERVEI FEDERALE A STATELOR UNITE

Pentru a înșela publicul, au fost prezentate două „alternative". Una era susținută de Comisia Monetară Națională sub conducerea senatorului Nelson Aldrich (bunicul lui Nelson Aldrich Rockefeller), cunoscută sub numele de Planul Aldrich. Cealaltă soluție, adoptată de Comitetul Monetar Special al Camerei de Comerț din New York, se afla sub conducerea lui Paul Warburg, un bancher evreu-german, care acționa în numele intereselor familiei Rothschild, reprezentate de baronul Alfred Rothschild. Aceasta era cunoscută sub numele de Planul Wall Street. Cu excepția distribuției rezervelor, cele două planuri erau identice în toate privințele și nu aveau alt scop decât înființarea unei bănci centrale de rezervă.

La 22 noiembrie 1910, bancherii conspiratori, printre care se aflau, printre alții: A. Piatt, secretar adjunct al Trezoreriei, Frank Vanderlip, președinte al National City Bank din New York, Henry P. Davidson, asociat principal al JP Morgan and Co., Charles D. Norton, președinte al First National Bank of New York, Benjamin Strong, vicepreședinte al Bankers Trust of New York, și Paul Moritz Warburg, asociat al Kuhn, Loeb & Co., au părăsit pe furiș New Yorkul în vagonul Pullman al lui Aldrich (cu toate jaluzelele coborâte), plecând din Hoboken, gara din New Jersey, în direcția insulei Jekyll, din Georgia.[129] Soarta poporului american urma să fie decisă în următoarele zece zile la foarte selectul Club de Vânătoare de pe Insula Jekyll, proprietatea lui JP Morgan, de către acest grup de finanțiști cu intenții criminale, care se numeau Clubul Prenumelor. Într-adevăr, se foloseau doar prenumele, pentru a nu-și dezvălui identitatea angajaților.[130]

---

[129] H. S. Kenan, *The Federal Reserve Bank*, The Noontide Press, Los Angeles, 1968, p. 92-99.
[130] Ibid., p. 104.

În Camera Reprezentanților, americanul de origine suedeză **Charles Auguste Lindbergh** a atacat legea bancară și monetară, calificând-o drept „cea mai mare crimă legislativă din toate timpurile".

Legea privind înființarea Băncii Rezervei Federale a Statelor Unite a fost combătută vehement de către membrul Congresului, Charles Auguste Lindbergh, care a declarat:

> „Această lege instituie cel mai gigantic monopol de pe pământ, unul dintre cele pe care Legea Sherman împotriva monopolurilor le-ar fi desființat dacă Congresul nu l-ar fi creat în mod expres prin această lege, ceea ce această legislație interzicea. Când președintele va semna această lege, guvernul invizibil al puterii monetare, a cărui existență a fost dovedită de ancheta Pujo, va fi legalizat. Cea mai mare crimă a Congresului rezidă în sistemul său monetar. Această nouă lege

bancară și monetară este cea mai mare crimă legislativă d e din toate timpurile."[131]

Legea a stârnit, de asemenea, o puternică contestare în cadrul Senatului, prin intermediul senatorului Robert M. La Follette, unul dintre „cei mai înverșunați oponenți" ai acesteia.[132] Cu toate acestea, ea a fost votată pe 23 decembrie 1913, după ce membrii Senatului au fost amenințați de președintele Woodrow Wilson, o persoană cu o reputație îndoielnică, „la fel de lipsit de etică și de principii pe cât de lipsit de moralitate",[133], care a menținut sesiunea până la votarea legii, refuzându-le concediul de Crăciun. Doar o minoritate de 43 de senatori a votat în favoarea legii, 25 au votat împotrivă, 27 s-au abținut și 5 membri au fost absenți. Promotorii acestei legi au promis că dolarul american va deveni o monedă stabilă și că ciclurile de recesiune vor fi de domeniul trecutului.

În acest sens, de la înființarea Băncii Rezervei Federale a Statelor Unite în 1914, dolarul american a pierdut 97% din puterea sa de cumpărare, iar țara a cunoscut 19 recesiuni, Marea Depresiune din anii '30 și actuala criză majoră care a început în 2008, care, în ciuda propagandei răspândite de mass-media oficială, prezintă toate simptomele unei depresiuni. Din 1910, datoria națională a crescut de la 2,65 miliarde de dolari la 17,5 trilioane de dolari în 2014, în timp ce angajamentele neacoperite depășesc 240 de trilioane de dolari.[134]

În loc să funcționeze ca bancherul bancherilor poporului, Rezerva Federală a Statelor Unite și-a desfășurat operațiunile ca o bancă privată, în beneficiul exclusiv al bancherilor privați. Faptul că, în 100 de ani de existență, conturile sale nu au făcut

---

131 *The Senate*, vol. 51, noiembrie 1912.

132 E. M. Josephson, *The « Federal » Reserve Conspiracy & Rockefellers*, Chedney Press, New York, 1968, p. 52.

133 Ibid., p. 43. Președintele Wilson a fost victima unui șantaj evreiesc. A se vedea M. C. Piper, *The Making of Woodrow Wilson – An American Hero ? The Barnes Review*, Washington D.C., Vol. VI, Nr. 2, martie/aprilie 2000, p. 6-12.

134 http://www.thecommonsenseshow.com/2014/08/05/the-statistics-do-not-liewelfare-is-the-best-paying-entry-level-job-in-35-states/

niciodată obiectul unui audit public nu este surprinzător.[135]

Următoarea listă dezvăluie principalii acționari ai băncii:[136]

Băncile Rothschild din Londra și Paris
Banca Fraților Lazard din Paris
Banca Israel Moïse Sieff din Italia
Băncile Warburg din Hamburg și Amsterdam
Banca Shearson American Express
Banca Goldman Sachs din New York
Banca JP Morgan Chase[137]

[135] La 25 iulie 2012, o propunere de audit public a fost depusă de membrul Congresului Ron Paul (republican din Texas) și aprobată cu 327 de voturi pentru și 98 împotrivă. Așa cum a remarcat el la momentul respectiv: „Cred că faptul că ei [Rezerva Federală] pot gestiona trilioane de dolari și știu că nimeni nu are voie să le pună nici cea mai mică întrebare constituie un hazard moral. Această propunere vizează eliminarea acestui hazard." *USA Today*, rubrica politică.

[136] Casa Rothschild este în prezent acționarul majoritar, deținând 58% din acțiuni. A se vedea E. Mullins, *Secretele Rezervei Federale*, Înapoi la origini.

[137] La 20 iunie 1992, JP Morgan a achiziționat Manufacturers Hanover Trust și acțiunile sale din Rezerva Federală.

Senatorul **Robert Marion** „Fighting Bob” **La Folette**, care a făcut tot ce i-a stat în putință pentru a împiedica adoptarea Legii bancare și monetare și aservirea programată a poporului american.

BANCA DE STAT A IMPERIULUI RUS

Banca de Stat a Imperiului Rus, situată pe strada Nelinnaya nr. 12, Moscova. Același clădire găzduiește astăzi Banca Centrală a Federației Ruse.

Între timp, de cealaltă parte a Atlanticului, fusese adoptat un sistem financiar diferit, și anume Banca de Stat. Din septembrie 1814 până în iunie 1815 a avut loc Congresul de la Viena, cu scopul de a rezolva problemele ridicate de Războaiele Revoluționare Franceze, Războaiele Napoleoniene și dizolvarea Sfântului Imperiu Roman Germanic. În culise, Nathan Mayer Rothschild a propus formarea unei noi ordini mondiale concentrate în jurul băncilor sale centrale. Toate marile puteri, cu excepția Rusiei, erau îndatorate la băncile Rothschild. Țarul Alexandru I (1801-1825) a refuzat să se supună planului diabolic al familiei Rothschild și l-a făcut să eșueze. În schimb, el a instituit Sfânta Alianță între Austria, Prusia și Rusia, care a fost semnată la 26 septembrie 1815 de împăratul Francisc Ial Austriei, regele Frederic-Guillaume al III-lea al Prusiei și țarul Alexandru. De asemenea, a respins oferta de înființare a unei bănci centrale în Rusia, pe care i-a prezentat-o Rothschild. Istoria nu spune dacă nu avea încredere în acest bancher din umbră sau dacă era pur și simplu conștient de pericolele sistemului bancar central, dar a refuzat cu înțelepciune această solicitare. Cu toate acestea, acest comportament prudent a provocat furia răzbunătoare și implacabilă a familiei Rothschild, care, potrivit generaluluimaior conte Cherep-Spiridovich[138], a provocat asasinarea ultimilor cinci țari și și-a exercitat, 102 ani mai târziu, răzbunarea talmudică într-un mod spectaculos.

La 12 iunie 1860, Banca de Stat a Imperiului Rus,[139], a fost fondată cu scopul de a stimula veniturile comerciale și de a consolida sistemul monetar. Până în 1894, aceasta era doar o instituție auxiliară sub controlul direct al Ministerului Finanțelor. În acel an, a fost transformată în „bancherul bancherilor" și a devenit instrumentul politicii economice a guvernului. Ea bătea și tipărea monedele și bancnotele națiunii, regla masa monetară și, prin rețeaua băncilor comerciale, furniza industriei și comerțului credite cu dobândă redusă. Rezervele sale vaste de aur, cele mai importante din lume, depășeau valoarea bancnotelor emise cu peste 100%, cu excepția anului 1906. În 1914, devenise una dintre cele mai influente instituții de credit din Europa.[140] Așa cum era de așteptat, Rusia avea cea mai redusă datorie națională din lume. Tabelul următor reflectă valoarea în ruble a datoriei pe cap de locuitor a fiecărei țări.

Franța	Marea Britanie	Germania	Rusia
288,0	169,8	135,6	58,7

În 1914, 83% din dobânzi și amortizarea datoriei naționale, din care mai puțin de 2% era deținută de străini, au fost finanțate din profiturile căilor ferate publice ruse. În anii -1916, lungimea totală a liniilor principale era de 100.817 verste sau kilometri. Tonajul comercial rus se ridica la 11.130.000 în 1910, depășind tonajul comercial britanic, care era de

[138] General-maiorul conte A. Cherep-Spiridovich, *The Secret World Government or „The Hidden Hand"*, The Anti-Bolshevist Publishing Association, New York, 1926, p. 41. Niciunul dintre acești țari nu a ajuns la maturitate. Durata medie de viață a acestora a fost de 53 de ani. A se vedea, de asemenea, S. Goodson, Asasinarea țarilor: legătura cu familia Rothschild, *The Barnes Review*, Washington D.C., vol. XX, nr. 5, septembrie/octombrie 2014, p. 38-40.

[139] A. Del Mar, *Money and Civilization: Or a History of the Monetary Laws and Systems of Various States Since the Dark Ages, and their Influence upon Civilization*, Omnia Publications, Hawthorne, California, 1975 (publicat pentru prima dată în 1886), p. 313.

[140] Banca de Stat a Imperiului Rus, Banca Centrală a Federației Ruse, str. Neglinnaya nr. 12, Moscova 107016.

10.750.000.

[141]În 1861, țarul Alexandru al II-lea (1855-1881) a abolit servitutea, care la acea vreme afecta 30% din populație. În 1914, foarte puține terenuri mai rămăseseră în mâinile proprietarilor de pământ ruși, care proveneau în principal din nobilime. 80% din terenurile arabile se aflau în mâinile țăranilor, cărora le fuseseră cedate pentru o sumă foarte modestă. Aceste terenuri erau deținute de comunitatea satului, *mirul*. Cu toate acestea, după legea promulgată de Stolypine[142] în 1906, țăranii puteau obține titluri de proprietate cu drepturile ereditare aferente. În 1913, două milioane de familii au profitat de această oportunitate pentru a achiziționa ceea ce a devenit cunoscut sub denumirea de „Fermele lui Stolypine". Aproape 7.689.027 de hectare au fost alocate acestor țărani proprietari de către comitetul funciar.[143] Banca de Stat a Țăranilor, descrisă la vremea respectivă ca „cea mai benefică instituție de achiziție a terenurilor din lume",[144] acorda împrumuturi la rate de dobândă reduse, care nu erau de fapt altceva decât cheltuieli de administrare. Între 1901 și 1912, aceste împrumuturi au crescut de la 222 de milioane de ruble la 1,168 miliarde de ruble. Producția agricolă a crescut vertiginos, încât în 1913 Rusia devenise grânarul lumii, după cum arată tabelul următor.

	Producția mondială	Producția rusă	%
Orz	1.771,4	750,04	42,3
Ovăz	3.324,6	1.087,00	30,3
Secară	2.378,0	1.593,00	67,0

[141] La 13 martie 1881, țarul Alexandru al II-lea a fost asasinat la Sankt Petersburg de către membrii unei organizații teroriste evreiești, *Narodnaya Volya* (Voința Poporului).
[142] Piotr Arkadievici Stolypin (1862-1911) a fost prim-ministru al Rusiei între 1906 și 1911. La 18 septembrie 1911, a fost asasinat de un terorist evreu, Dmitri Bogrov (numele real: Mordechai Gershkovich).
[143] G. Buchanan, *My Mission to Russia and Other Diplomatic Memories*, Cassell and Company Limited, Londra, 1923, p. 161.
[144] G. Knupffer, *The Struggle for World Power, Revolution and Counter-Revolution*, The Plain-Speaker Publishing Company, Londra, 1971, p. 230.

Grâu	4.971,4	1.554,80	31,2

Producția rusă de cereale a depășit cu 25% recoltele combinate ale Argentinei, Canadei și Statelor Unite. În 1913, Rusia avea 37,5 milioane de cai – mai mult de jumătate din populația mondială de ecvidee. De asemenea, producea 80% din inul mondial și furniza peste 50% din importurile mondiale de ouă. Exploatarea minieră și producția industrială generau, de asemenea, profituri enorme. Între 1885 și 1913, producția de cărbune a crescut, trecând de la 259,6 milioane de pudi[145] la 2,159 milioane de pudi, producția de fontă a crescut de la 25 de milioane de pood în 1890 la 1,378 milioane de pood în 1913, iar producția de petrol a crescut de la 491,2 milioane de pood în 1906 la 602,1 milioane de pood în 1916. Între 1870 și 1914, în Marea Britanie, producția industrială anuală a înregistrat o creștere de 1%, față de 2,75% în Statele Unite și 3,5% în Rusia. În perioada 1890-1913, activitatea industrială s-a cuadruplat, iar producția rusă a reușit să satisfacă 80% din cererea internă de bunuri manufacturate – un exemplu perfect de autarhie economică. Pe parcursul ultimilor 20 de ani de domnie imperială pașnică (1895-1914), Produsul Intern Brut a înregistrat o creștere medie de 10% pe an.

Având în vedere că Banca de Stat rusă crea moneda poporului din nimic, la o rată a dobânzii de aproape 0%; spre deosebire de restul lumii, unde băncile centrale private parazitare creează moneda națiunilor respective percepând dobânzi cămătărești ruinante, nu este surprinzător că Rusia anului 1912 era națiunea cu cea mai mică rată de impozitare d. Aceste impozite foarte mici atestă, de asemenea, nivelul de eficiență al guvernului rus din acea perioadă. În plus, pe tot parcursul acestei perioade de sistem bancar de stat, nu a existat inflație și nici șomaj.

[145] 1 pudă = 16,38 kg

Impozite directe în ruble pe cap de locuitor

	Impozite de stat %	Impozite locale %	Total %
Marea Britanie	10,01	16,74	26,75
Germania	5,45	7,52	12,97
Franţa	6,44	5,91	12,35
Austria	5,12	5,07	10,19
Rusia	1,28	1,38	2,66

Impozite indirecte în ruble pe cap de locuitor

	Impozite de stat %	Impozite locale %	Total %
Marea Britanie	13,86	-	13,86
Germania	9,31	0,33	9,64
Franţa	13,11	2,89	16,00
Austria	9,9	1,38	11,28
Rusia	5,95	0,03	5,98

Între 1897 şi 1913, veniturile statului au crescut de la 1.400 milioane de ruble aur[146] la 3.471 milioane de ruble aur. În 1914, excedentul bugetar se ridica la 512 milioane de ruble aur, fără nicio majorare a impozitelor. Pe tot parcursul aceleiaşi perioade, balanţa comercială externă a înregistrat un excedent. Putem evalua sănătatea financiară a economiei ruse observând tabelul comparativ al rezervelor de aur d, prezentat mai jos.

[146] 1 rublă = doi şilingi de aur; 9,4 ruble = 1 liră.

Rezerve de aur

	Aur	Bancnote
Banca de Stat a Imperiului Rus	1.550	1.494
Banca Franței (banca centrală)	1.193	2.196
Reichsbank (bancă centrală)	411	930
Banca Angliei (bancă centrală)	331	263

Un studiu independent realizat de juriști britanici va concluziona că Codul de legi și sistemul judiciar rus erau „cele mai avansate și imparțiale din lume".[147]

[147] G. Knupffer, op. cit., p. 139-140.

Majestatea Sa Imperială, ţarul **Nicolae al II-lea**. Banca de Stat a Imperiului Rus a oferit poporului său o abundenţă fără precedent în istoria umanităţii.

Învăţământul primar era obligatoriu şi gratuit până la nivel universitar, unde se percepeau doar taxele de înscriere. Între 1906 şi 1914, s-au deschis 10.000 de şcoli pe an. Universităţile ruse erau renumite în întreaga lume pentru standardele lor academice ridicate.

Rușii au fost pionieri în domeniul dreptului muncii. Munca copiilor a fost abolită cu peste 100 de ani înainte de a fi interzisă în Marea Britanie, în 1867. Rusia a fost prima țară industrializată care a adoptat legi care limitau programul de lucru în fabrici și mine. Grevele, care au fost interzise în Uniunea Sovietică, erau permise, dar puțin frecvente pe vremea țarului. Drepturile sindicale au fost recunoscute în 1906, în timp ce o inspecție a muncii controla strict condițiile de muncă din fabrici. În 1912, a fost introdusă asigurarea socială. Legislația muncii era atât de avansată și de umană încât președintele Statelor Unite, William Taft, a declarat: „Împăratul Rusiei a promulgat o legislație a muncii mai aproape de perfecțiune decât cea a oricărei țări democratice."[148]

Popoarele de rase diferite care trăiau în Imperiul Rus se bucurau de o egalitate de statut și de oportunități fără egal în lumea modernă. Majestatea Sa Imperială, țarul Nicolae al II-lea (1894-1917) și banca sa de stat au creat un paradis al muncitorilor fără egal în istoria umanității.

La 7 noiembrie 1917, familia Rothschild, temându-se că reproducerea acestui model extraordinar de libertate și prosperitate le-ar pune în pericol imperiul bancar malefic, a provocat și a finanțat o revoluție iudeo-bolșevică în Rusia,[149] care a devastat și a ruinat o țară minunată și a provocat moartea prin crimă și foamete a – potrivit lui Alexandr Soljenițîn – 66 de milioane de oameni nevinovați.[150]

---

[148] Ibid., p. 142.

[149] Winston Churchill, *Sionismul vs. bolșevismul, O luptă pentru sufletul poporului evreu, Sunday Illustrated Herald*, 8 februarie 1920. Churchill definea revoluția ca fiind: „o conspirație mondială pentru răsturnarea civilizației și pentru reconstituirea societății pe baza unei dezvoltări stagnante, a unei invidii răuvoitoare și a unei egalități imposibile, [...] care nu a încetat să crească... Ea a fost pivotul tuturor mișcărilor subversive din cursul secolului al XIX-lea; iar în prezent, această bandă de personalități extraordinare din mahalalele marilor orașe din Europa și America a apucat poporul rus de păr și a devenit practic stăpânul necontestat al acestui imens imperiu."

[150] Potrivit istoricului elvețian Jürgen Graf, Soljenițîn a apelat la un statistician care a estimat numărul morților la 66 de milioane. În *revista The American Hebrew* din 10 septembrie 1920, s-a declarat: „Revoluția bolșevică din Rusia a fost opera planificării evreiești și a nemulțumirii evreiești. Planul nostru este de a instaura o Nouă Ordine Mondială. Ceea ce a funcționat atât de minunat în Rusia va deveni o realitate pentru întreaga lume."

CUM AU CREAT ROTHSCHILD UNIUNEA SOVIETICĂ ȘI AU PRELUAT CONTROLUL ASUPRA ACESTEIA

În lucrarea sa *Wall Street și Revoluția Bolșevică*[151], autorul și profesorul Antony Sutton, cu ajutorul documentelor provenite de la Departamentul de Stat și din arhivele bancherilor internaționali americani, detaliază „alianța entuziastă dintre Wall Street și socialismul marxist "[152] Fără sprijinul financiar vital al J.P. Morgan Guaranty Trust Company, al Chase National Bank a lui John D. Rockefeller, al Kuhn Loeb and Company a lui Jacob Schiff și al băncii suedeze Nya Banken[153] a lui Olof Aschberg, revoluția iudeo-bolșevică nu ar fi putut avea succes.

Rolul lui Maxim Litvinov (1876-1951) este deosebit de interesant în ceea ce privește finanțarea revoluției. Născut Meyer-Genokh Mojsjewicz Wallach-Finkelstein, el a fost un „revoluționar" care a participat la distrugerea Rusiei Imperiale pentru a o preda bancherilor internaționali.

Litvinov și-a început cariera de revoluționar în 1898. În 1901, a fost arestat și a petrecut 18 luni în închisoare înainte de a evada. În 1903, i s-au încredințat fonduri destinate finanțării și distribuției ziarului Partidului Socialist Democrat Rus, *Iskra*[154], care era tipărit la Londra. În 1905, Litvinov a primit alte fonduri provenite de la „prieteni străini"[155], ceea ce i-a permis să achiziționeze arme – provenite, din nou, de la Londra. Ulterior, Litvinov, cunoscut și sub porecla de *Papasha* sau Papi[156], a devenit punctul de convergență al tuturor finanțărilor străine și a fost numit trezorier al partidului – o decizie pe care Lenin nu a putut să o contracareze, deoarece Litvinov era un reprezentant al familiei Rothschild, a cărei

---

[151] A. C. Sutton, *Wall Street and the Bolshevik Revolution*, Arlington House Publishers, New Rochelle, New York, 1981.
[152] Ibid., 16.
[153] În 1918, banca a fost redenumită Svensk Ekonomiebolaget.
[154] Termenul rus pentru scânteie.
[155] N. Starikov, *Rouble Nationalization The Way to Russia's Freedom*, Sankt Petersburg, Piter, 2013, 189.
[156] Ibid., 190.

putere o depăşea pe cea a lui Lenin. Acesta din urmă a fost pur şi simplu informat cu privire la decizie. Câteva luni mai târziu, în cadrul unei reuniuni la Geneva, Litvinov a fost ales secretar al Transporturilor Externe. Lenin a fost din nou informat cu privire la această decizie. Litvinov nu a fost niciodată un adevărat revoluţionar, ci a folosit mai degrabă bolşevismul ca pretext pentru a promova obiectivele stăpânilor săi.

Între 1908 şi 1918, Litvinov a locuit la Londra, graţie ajutorului „prietenilor săi englezi".[157] În această perioadă, a ocupat diverse funcţii. A lucrat pentru editura Williams and Norgate, apoi pentru o agenţie de turism şi un magazin de utilaje agricole. Aceste ocupaţii îi ofereau o acoperire ideală pentru activităţile sale clandestine. În 1914, la izbucnirea Primului Război Mondial, guvernul rus a cerut tuturor cetăţenilor săi să se întoarcă în Rusia pentru a se înrola în armată. Cu toate acestea, autorităţile britanice i-au permis lui Litvinov să rămână. În 1916, Litvinov s-a căsătorit cu fiica uneia dintre cele mai distinse familii evreieşti: Ivy Low.

La 3 ianuarie 1918, Litvinov a fost numit reprezentant acreditat al Rusiei Sovietice. Una dintre primele sale sarcini a fost să solicite ca banii deţinuţi la Banca Angliei, aparţinând ambasadei ţariste, să îi fie înmânaţi. Banca a dat curs cererii.

În septembrie 1918, a fost dezvăluită o conspiraţie împotriva bolşevicilor în care era implicat ambasadorul Robert Bruce Lockhart. Lockhart şi Litvinov au fost arestaţi de guvernele lor respective, iar în urma unui schimb, Litvinov s-a întors la Moscova. Noua sa misiune consta în „asigurarea unei evacuări rapide a aurului şi a bijuteriilor preţioase provenite din Rusia"[158] prin Scandinavia, sub pretextul unui program de achiziţionare de motoare cu aburi, cunoscut mai târziu sub numele de „motoare de aur". Un sfert din rezervele de aur ale Rusiei au fost transferate în Suedia înainte de a fi reexpediate. Acum era momentul răsplăţii pentru familia Rothschild.

La 21 aprilie 1921, Litvinov a fost numit membru al

[157] Ibid., 188.
[158] Ibid., 194.

Consiliului Comisarilor Poporului pentru tranzacţiile valutare şi vânzarea de aur în străinătate. „Câteva sute de milioane de [ruble] din aurul nostru au trecut prin mâinile mele înainte de a fi vândute în străinătate. Vindeam cea mai mare parte a acestui aur prin intermediari, către mari companii franceze care îl refondau fie în Franţa, fie în Elveţia, iar apoi acest aur ajungea la destinaţia finală în seifurile Rezervei Federale americane[159] – o bancă privată deţinută de Rothschild! Litvinov devenise „reprezentantul autorizat al bancherilor – proprietarii Rezervei Federale, ai Băncii Angliei şi ai Rusiei Sovietice"[160] După cum se poate constata, Revoluţia Bolşevică nu a fost altceva decât un exerciţiu gigantic de jaf din partea familiei Rothschild.

În decembrie 1921, a fost înfiinţată Colonia Industrială Autonomă din Kuzbass. Aceasta conferea controlul asupra unui vast complex industrial unui grup de investitori americani şi europeni care îl finanţaseră. Din acel moment, „milioane de ruble în aur au fost transferate în străinătate fără a plăti niciun drept de vamă, pretins ca dobânzi acumulate pentru capitalul investit de bancherii europeni"[161], în ciuda faptului că aceste investiţii nu erau toate la fel de importante.

În 1924, Iosif Stalin a devenit liderul Uniunii Sovietice, dar Litvinov, care nu se temea de nimeni, a rămas o figură proeminentă. Nepoliticosul său faţă de Stalin era proverbial.[162] În timpul epurării din 1937-1938, aproape toţi deputaţii din grupul lui Litvinov au fost arestaţi şi împuşcaţi. Litvinov a pledat cauza unuia dintre cei mai apropiaţi prieteni ai săi: Boris Stomonyakov, şi l-a informat pe Stalin că se face garant pentru el. Stalin l-a privit pe Litvinov în ochi şi i-a răspuns: „Tovarăşe Litvinov, nu te poţi face garant decât pentru tine însuţi."[163]

[159] Ibid., 199.
[160] Ibid., 203.
[161] Ibid., 204.
[162] Ibid., 205, 206 şi 209. În iunie 1941, la o reuniune a diplomaţilor străini, Litvinov a sosit îmbrăcat într-un costum somptuos din lână polară. Stalin l-a întrebat de ce nu purta un costum închis la culoare, ca toată lumea. Litvinov i-a răspuns glumind: „A fost mâncat de molii".
[163] Ibid., 206.

Între 1930 şi 1939, Litvinov a ocupat funcţia de comisar al poporului pentru afaceri externe al Uniunii Sovietice. În 1939, relaţiile dintre Germania naţional-socialistă şi Uniunea Sovietică au început să se încălzească. Această detensionare reprezenta un anatema pentru stăpânii lui Litvinov, care păstra amintirea coşmarului Sfintei Alianţe care unea Austria, Prusia şi Rusia în 1815, precum şi a *Dreikaiserbund* (Liga celor Trei Împăraţi) pe care Bismarck o iniţiase între aceleaşi trei imperii în 1872. Litvinov s-a interpus, dar în acel moment Stalin s-a săturat de comportamentul său insolent. La 3 mai 1939, a avut loc o lovitură de stat silenţioasă când Stalin „l-a destituit pe marioneta mafiei bancare din funcţia de ministru de externe".[164]

Datorită propriei sale bănci de stat, Gosbank, care a fost fondată la 16 noiembrie 1921, Uniunea Sovietică îşi câştigase în sfârşit suveranitatea şi independenţa faţă de bancherii internaţionali. Toţi adjuncţii lui Litvinov şi directorii lor au fost arestaţi, dar el însuşi a fost cruţat, deoarece era de neatins. Litvinov a fost autorizat să se retragă la *dacha* sa, dar a fost ţinut sub supraveghere constantă.

[164] Ibid., 207.

Maxime Litvinov (născut Wallach-Finkelstein) a fost, timp de peste patruzeci de ani, intermediarul familiei Rothschild. El a organizat jefuirea Rusiei de către bancherii internaţionali.

Spre sfârşitul anului 1941, serviciile lui Litvinov au fost solicitate încă o dată. Cu germanii bătând la porţile Moscovei, situaţia disperată a lui Stalin necesita ajutor urgent din partea Occidentului. Litvinov a fost trimis la Moscova ca ambasador sovietic. Americanii erau reticenţi să împrumute bani Uniunii Sovietice, dar Litvinov nu a întârziat să rezolve totul şi, în câteva săptămâni, a fost acordat un împrumut de un miliard de dolari. A fost semnat un acord de împrumut-închiriere şi, în următorii patru ani, au fost furnizate materii prime şi servicii în valoare de 11 miliarde de dolari.

Litvinov „putea contacta Casa Albă în orice moment, iar preşedintele [Roosevelt] îl primea imediat"[165]. Aceşti doi lachei ai bancherilor internaţionali au pompat aurul – din Rusia, pe de o parte, şi de la poporul Statelor Unite, pe de altă parte – direct în seifurile Rezervei Federale a lui Rothschild.[166]

Litvinov[167] a fost rechemat în 1943, când războiul a început să se întoarcă în favoarea Rusiei. Succesorul său la postul de ministru de externe, Viacheslav Molotov, ne oferă o perspectivă elocventă: „Litvinov ne manifesta o ostilitate totală... Merita cea mai severă pedeapsă din partea proletariatului. O pedeapsă exemplară."[168]

Între 1 şi 22 iulie 1944, bancherii internaţionali au organizat o conferinţă la Bretton Woods, în New Hampshire. Scopul acesteia era de a înfiinţa o Bancă Mondială şi un Fond Monetar Internaţional care să guverneze relaţiile dintre naţiunile independente şi să menţină rate de schimb fixe. Reprezentanţii sovietici au participat la conferinţă, dar au refuzat să semneze, declarând că instituţiile propuse nu erau decât „filiale ale Wall Street".[169] Această impertinenţă a lui Stalin a provocat

[165] Litvinov a fost ambasador între 10 noiembrie 1941 şi 22 august 1943.

[166] N. Starikov, op. cit., 211. La 5 aprilie 1933, prin Ordinul Executiv 6102, guvernul Statelor Unite a confiscat tot aurul cetăţenilor săi, cu excepţia monedelor de colecţie, şi l-a schimbat pe hârtie monetară.

[167] Nu este surprinzător faptul că Litvinov a refuzat să-şi scrie memoriile.

[168] F. Chuev şi A. Resis, *Molotov Remembers*, Chicago, 1993, 68.

[169] E.S. Mason şi R.E. Asher, *„The World Since Bretton Woods: The Origins, Policies, Operations and Impact of the International Bank for Reconstruction"*, Washington D.C., Brookings Institution, 1973, 29.

probabil mânia familiei Rothschild, dar aceştia nu puteau face mare lucru atâta timp cât Germania rămânea neînvinsă.

Între 17 iulie şi 2 august 1945, a avut loc conferinţa de la Potsdam în Germania. Aceasta a stabilit noile graniţe ale Europei. Din acel moment, Uniunea Sovietică a fost treptat izolată şi a început Războiul Rece. Stalin nu avea nicio influenţă asupra Europei de Vest. Armata sa era complet epuizată şi avea deja destule pe cap cu absorbirea Europei de Est sub hegemonia sa şi cu repararea tuturor pagubelor suferite de ţara sa, pe care el însuşi le provocase prin atacarea Germaniei într-un război preventiv.[170] Din perspectivă militară, aruncarea bombelor nucleare asupra Hiroshimei şi Nagasakiului a fost inutilă, deoarece, în ianuarie 1945, Japonia încerca deja să negocieze condiţiile capitulării. Holocaustul nuclear răspundea la două obiective sinistre: (i) pedepsirea japonezilor pentru că şi-au înfiinţat propria bancă de stat şi (ii) lansarea unui avertisment către Uniunea Sovietică, care era deja dotată cu o bancă de stat.

Războiul Rece a fost iniţial purtat de Occident cu scopul de a îngenunchea Uniunea Sovietică. Stalin, care era mai mult naţionalist[171] decât comunist, a rezistat şi a fost presupus otrăvit, înainte de a i se permite să moară la[1]martie 1953 în urma unui accident vascular cerebral pentru care nu a primit niciun tratament medical.[172] Din acel moment, Războiul Rece a degenerat într-o farsă, deoarece Occidentul, şi în special Statele Unite, au investit masiv în Uniunea Sovietică. Investiţii importante au fost realizate la fabrica Gorki, care construia camioane Ford, precum şi la cea mai mare fabrică de automobile din lume, din Volgograd, de unde ieşeau maşinile

[170] Stalin intenţiona să atace Germania la 6 iulie 1941. A se vedea V. Suvorov, *The Chief Culprit Stalin's Grand Design to Start World War II*, Naval Institute Press, Annapolis, Maryland, 2008, 328 pp. Suvorov consideră că „Uniunea Sovietică a pierdut cel de-al Doilea Război Mondial", 280.

[171] A se vedea K. Bolton, *Stalin, The Enduring Legacy*, Black House Publishing, Londra, 2012, 164 pp.

[172] S.S. Montefiore, *Stalin: Curtea ţarului roşu*, Weidenfeld & Nicolson, Londra, 2005, 651-665. Accidentul vascular cerebral al lui Stalin ar fi putut fi provocat de administrarea de warfarină, un anticoagulant, turnată în vinul său în zilele care au precedat moartea sa.

Fiat. Au existat, de asemenea, finanțări importante în domeniile aviației, informaticii și energiei electrice. Uniunea Sovietică a devenit o destinație de prim rang în materie de investiții profitabile.

Rușii s-au alăturat armatei, dar cu 50% din bugetul lor alocat armamentului, era vorba de un război pe care nu-l puteau câștiga pe termen lung. Acest lucru explică de ce nivelul de trai din Uniunea Sovietică nu a egalat niciodată cel din Occident, cu excepția sectorului serviciilor publice, precum educația și locuințele.

În 1991, Uniunea Sovietică s-a destrămat, iar o echipă de consilieri a sosit din Statele Unite pentru a introduce minunile comerțului liber capitalist, care includeau impozitul pe venit și camăta. Scopul principal al acestor consilieri era „să prezinte legea privind Banca Centrală a Rusiei la momentul potrivit, ceea ce a provocat mai multe daune decât o armată de invadatori în ceea ce privește pierderea suveranității Rusiei".[173]

Timp de aproape 200 de ani, țarii și sovieticii au rezistat, dar în cele din urmă Rusia a căzut în întregime în mâinile familiei Rothschild.

RESPONSABILITATEA FAMILIEI ROTHSCHILD ÎN RĂZBOIUL BURILOR.

De-a lungul secolului al XIX-lea, sistemul monetar mondial s-a bazat pe etalonul aur, care fusese dezvoltat și menținut de familia Rothschild. Descoperirea unor vaste zăcăminte aurifere în Witwatersrand a creat o nouă sursă de extracție care trebuia controlată pentru ca acest sistem financiar necinstit să supraviețuiască. Din nefericire pentru familia Rothschild, aceste noi mine se aflau pe teritoriul *Republicii Sud-Africane* independente.

Valuri de migranți și speculanți au invadat imediat țara. Unii

[173] N. Starikov, op. cit., 182-183.

dintre ei erau britanici, dar un număr mare dintre ei erau în mare parte „evrei ruși, polonezi și germani, cu înclinații nomade și fără niciun atașament sau înrădăcinare față de o țară anume."[174] Proprietarii minelor de aur erau astfel aproape întotdeauna evrei. Compania dominantă din sector era Grupul Eckstein, numit după directorul său, Hermann Eckestein. Această combinație includea Consolidated Goldfields și S. Neumann & Co. Profesorul John Atkinson Hobson scrie în *The War in South Africa Its Causes and Effects* că „familia Rothschild deținea majoritatea acțiunilor în Goetz & Co." și că „familia Rothschild se afla în spatele Exploration Company, care era de fapt condusă de Wernher, Beit și Rothschild. "[175] În plus, el adaugă că monopolul asupra dinamitei și „comerțul bogat și puternic cu băuturi spirtoase, legal și ilegal, se afla în întregime în mâinile evreilor"; „este inutil să precizăm că bursa se află în întregime în mâinile evreilor" și „că presa d ul Johannesburg este în principal fieful lor privat".[176]

Încă de la începutul anilor 1890, muncitorii și speculatorii străini erau mai numeroși decât boerii. În 1896, după raidul eșuat al lui Jameson, care a încercat să răstoarne guvernul din Transvaal, a fost fondată Liga Sud-Africană ca fațadă pentru a agita opinia publică în favoarea dreptului de vot al *uitlanderilor* sau outlanderilor, adică al străinilor. Pentru a-și proteja statutul, boerii doreau să le acorde dreptul de vot abia după o perioadă de 14 ani de rezidență. La 30 mai 1899, în cadrul unei conferințe ținute la Bloemfontein, capitala Statului Liber Orange, președintele Paul Kruger s-a oferit să reducă perioada de rezidență la șapte ani. Înaltul comisar britanic, Sir Alfred Milner, nu s-a resemnat și a declarat că, din punctul său

---

[174] J.A. Hobson, *The War in South Africa Its Causes and Effects*, James Nisbet & Co., Limited, Londra, 1900, 70. Hobson menționează la pagina 12 că în Johannesburg Directory din 1899 erau înregistrați 24 de Jones, 53 de Brown și 68 de Cohen.

[175] Ibid., 193. A se vedea și R. Rudman, *England Under The Heel Of The Jew*. Această broșură de 21 de pagini a fost extrasă dintr-o lucrare cu același titlu scrisă în 1918 de dr. John Henry Clarke, un medic, și a fost publicată de C.F. Roworth la Londra. Ea oferă o relatare elocventă a conspirației țesute de proprietarii evrei pentru a răsturna guvernul Kruger.

[176] Ibid., 193.

de vedere, ar fi „reforma sau războiul”.[177] În cele din urmă, Kruger, „luându-și capul între mâinile sale mari, cu lacrimile curgându-i pe obrajii bărboși”[178], a strigat plin de angoasă: „Voi vreți țara mea!”[179]

În septembrie 1899, din provocare, britanicii și-au concentrat trupele la sud de granița Transvaalului. La 9 octombrie 1899, o cerere ca „guvernul Majestății Sale să înceteze să-și adune trupele la granițele Republicii și să trimită întăriri militare din întregul Imperiu Britanic”[180] a fost ignorată. Două zile mai târziu, a izbucnit războiul.

Deși boerii dispuneau doar de o armată de amatori călare, aceștia au realizat inițial fapte de arme extraordinare. Cu toate acestea, au fost în cele din urmă depășiți de armamentul inamic, aflându-se totodată în inferioritate numerică. Începând din iunie 1900, boerii au recurs la a de gherilă. Un contingent minuscul de 6.000 de oameni a reușit să țină piept celor aproape 450.000 de soldați proveniți din cel mai mare imperiu mondial.

Armistițiul a fost semnat la Vereeniging, la 31 mai 1902. Războiul a fost un dezastru absolut pentru boeri. În cadrul unei operațiuni de pământ pârjolit fără precedent, proprietățile boerilor au fost rase de pe fața pământului, fântânile otrăvite, turmele lor au fost măcelărite (în principal prin tăierea tendoanelor „pentru a economisi muniția”) și femeile lor violate. 25 de orașe au fost distruse. 136 000 de femei și copii au fost înghesuiți în 46 de lagăre de concentrare alcătuite din corturi, unde iarna temperatura scădea sub zero grade. 34 000 dintre ei au murit din cauza malnutriției și a condițiilor de igienă deplorabile. 75% dintre ei aveau sub 16 ani.

Britanicii au suferit, de asemenea, pierderi grele, cu 21.942 de

---

[177] P.J Pretorius, *Volksverraad*, Libanon-Uitgewers, Mosselbaai, Western Cape, 1996, 58.

[178] R. Kraus, *Old Master Thereof Jan Christian Smuts*, E.P. Dutton & Co. Inc., New York, 1944, 92.

[179] T. Pakenham, *The Boer War*, Jonathan Ball Publishers, Londra, 1979, 68.

[180] S.M. Goodson, *General Jan Christian Smuts The Debunking of a Myth*, Bienedell Uitgewers, Pretoria, 2013, 11.

morți (35% în luptă, 65% din cauza bolilor) și 22.829 de răniți. Bancherii au avut satisfacția de a fi finanțat războiul cu suma de 222 de milioane de lire sterline, mărind astfel datoria publică a Marii Britanii cu 132 de milioane de lire sterline. Pentru familia Rothschild, Războiul Anglo-Boer a fost o victorie totală.

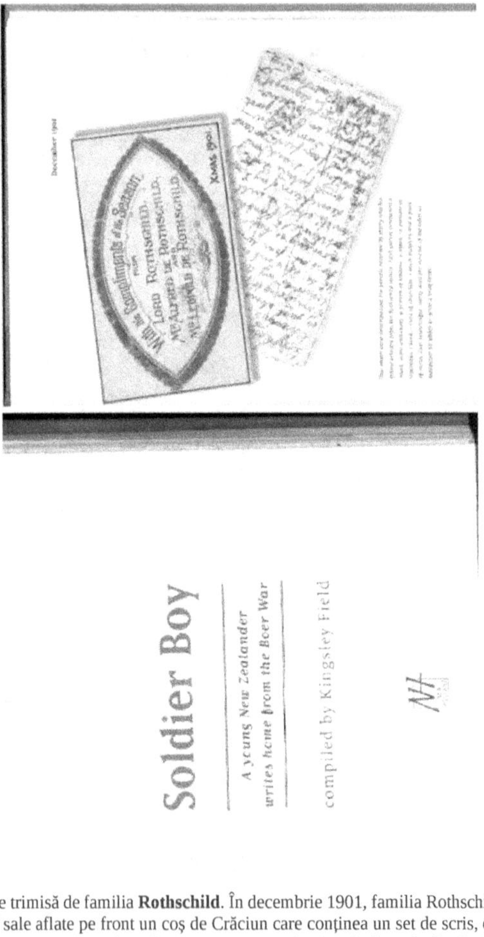

O felicitare trimisă de familia **Rothschild**. În decembrie 1901, familia Rothschild a trimis „trupelor" sale aflate pe front un coș de Crăciun care conținea un set de scris, o porție de tutun, o pipă, 12 pachete de țigări, o carte, un tort de ciocolată, un budincă și un pachet de cărți de joc.

BANCA COMMONWEALTHULUI AUSTRALIEI

Banca Commonwealth-ului Australiei a fost inspirată de King O'Malley, un american, care a descoperit secretul sistemului bancar al rezervelor fracționare în timp ce lucra la banca unchiului său din New York în anii 1880. Când primul guvernator al băncii, Sir Dennison Miller, a fost întrebat de unde va găsi capitalul pentru banca sa, el a răspuns: „Ce capital? Nu am nevoie de capital, capitalul meu este bogăția și creditul întregii Australie."[181]

Cu un avans de 10.000 de lire sterline de la guvern, care a fost rambursat rapid, Banca Commonwealth-ului Australiei a fost fondată la 15 iulie 1912. Deși a fost înființată ca o bancă privată, aceasta funcționa ca o bancă de stat, având toată puterea de a-și gestiona afacerile ca orice altă bancă, inclusiv aceea de a servi drept casă de economii. În plus, banca era autorizată să strângă capital prin vânzarea de obligațiuni garantate de creditul național. Profiturile sale erau repartizate în mod echitabil între două fonduri – un fond de rezervă pentru a onora angajamentele asumate de bancă și un fond de rambursare pentru a rambursa obligațiunile sau acțiunile emise de bancă. Apoi, 50% din profiturile sale erau alocate rambursării datoriei naționale.

[181] R. Gollam, op. cit., prezintă în detaliu originea evenimentelor care au dus la înființarea băncii.

King O'Malley (1854-1953) a fost inspiratorul creării băncii de stat a Australiei, Commonwealth Bank of Australia.

Timp de 12 ani, în ciuda Primului Război Mondial (1914-1918), Australia a cunoscut una dintre cele mai prospere perioade ale sale. Acordând împrumuturi guvernului la o rată nominală a dobânzii de 2/3 de procent pe an, banca a permis țării să investească într-un amplu program de infrastructură. O sumă de 18,72 milioane de dolari australieni a fost alocată pentru construirea barajelor și a sistemului de irigații de pe râul Murrumbidgee, a căii ferate transcontinentale, a centralelor electrice, a uzinelor de gaz, a porturilor, a drumurilor și a tramvaielor. În plus, culturile de fructe, grâul și recoltele de lână ale fermierilor au fost finanțate cu 3 milioane de dolari australieni la o rată a dobânzii nominale. 4 milioane de dolari australieni au fost deblocați pentru achiziționarea a 15 nave cu aburi în vederea organizării exporturilor în creștere ale Australiei, iar 8 milioane de dolari australieni au fost alocați pentru locuințe. Primul Război Mondial a costat Australia 700 de milioane de dolari australieni, dar a fost finanțat de Bancă sub formă de datorie fără dobândă.

Această perioadă de prosperitate fenomenală a luat sfârșit în 1924, când a fost adoptată o lege de către Stanley Melbourne Bruce, prim-ministrul d (1924-1929) și de dr. Earle Page, partenerul său de coaliție.[182] Bruce a fost adesea suspectat că a primit mită, deoarece ceea ce a făcut a fost complet împotriva intereselor poporului australian. Pe parcursul mandatului său, guvernul australian a împrumutat 230 de milioane de lire sterline de la City of London[183], iar în 1927, datoriile federale și cele de stat ajunseseră amândouă la suma de 1 miliard de lire sterline, iar bugetul era deficitar.[184]

La 10 octombrie 1924, legea a fost promulgată. Aceasta a avut ca efect plasarea Băncii sub controlul unui grup de oameni, care i-au retras ulterior dreptul de a emite moneda națională fără datorii și fără dobânzi. În 1927, Banca și-a pierdut

---

[182] Bruce și Earle erau liderii celor două partide politice, respectiv National și Country.

[183] S. McIntyre, *A Concise History of Australia*, Cambridge University Press, Melbourne, 2009, p. 168.

[184] I. M. Cumpston, *Lord Bruce of Melbourne*, Longman Cheshire, Melbourne, 1989, p. 74.

sucursalele de casă de economii și, deși a rămas autorizată să emită bancnote și să încaseze astfel un minim de seignioraj, a devenit ulterior o bancă centrală care opera în beneficiul exclusiv al băncilor private. Trădarea finală a Băncii a avut loc la 20 martie 1947, când Camera Reprezentanților a votat cu 55 de voturi pentru și 5 împotrivă statutul său de membru al Fondului Monetar Internațional și s-a supus astfel decretelor și dictatelor Băncii Reglementărilor Internaționale controlată de Rothschild.

PRIMUL RĂZBOI MONDIAL

Primul Război Mondial a izbucnit la 28 iunie 1914, când Gavrilo Princip, presupus de origine evreiască și membru al grupului terorist Mâna Neagră, l-a asasinat pe arhiducele Francisc-Ferdinand, moștenitorul tronului austriac, și pe soția sa cehă la Sarajevo, în Bosnia-Herțegovina. Princip era un colaborator al lui Leon Trotski (pe numele său adevărat Lev Davidovitch Braunstein),[185] un evreu rus care conspira cu camaradul său evreu Vladimir Lenin (rebotezat Ulianov la adopție, dar al cărui nume adevărat era Zederbaum)[186] pentru

[185] Pentru presupusa origine a lui Princip, a se vedea W. G. Simpson, *Which Way Western Man?*, Yeoman Press, New York, 1978, p. 682, unde citează lucrarea lui Léon de Poncins, *Les Forces Secrètes de la Révolution*, Éditions Saint-Rémi, care la rândul său citează arhivele procesului asasinului. A se vedea, de asemenea, La *Symphonie Rouge* de J. M. Landowsky, Hadès Éditions, un interogatoriu realizat de NKVD (poliția secretă a lui Stalin) cu Christian G. Rakovsky (al cărui nume real era Chaïm Rakover), în care acesta mărturisește că Troțki se afla în spatele asasinării arhiducelui Ferdinand și că steaua cu cinci colțuri sovietică reprezintă cele cinci sucursale ale fraților Rothschild (Frankfurt, Londra, Napoli, Paris și Viena.)

[186] Tatăl lui Lenin era un buriat, un rus neetnic. Străbunicul său matern era Moishe Itskovich Blank, iar bunicul său Srul Moisevich Blank. Acesta din urmă și-a schimbat prenumele în Alexandre. Zev Ben-Shlomo, viața și moștenirea lui Lenin, Dimitri Volkogonov, *Jewish Chronicle*, Londra, 4 aprilie 1995. Mama evreică a lui Lenin era Maria Blank. Când părinții săi au murit, el și fratele său au fost adoptați de o familie evreiască. În 1929, sora lui Lenin, Anna Ulianova-Yelizarov, i-a propus lui Stalin ca ascendența sa să fie dezvăluită pentru a contracara antisemitismul endemic și a insufla maselor „spiritul revoluționar evreiesc". În ciuda faptului că Lenin era pretins venerat de masele populare, Stalin i-a cerut să păstreze secretul, deoarece această dezvăluire risca să facă pe toată lumea să înțeleagă că Revoluția Bolșevică a fost 100% evreiască. Jesse Zel Lurie, „Lenin era un evreu secret", *Bronward Jewish Journal*, 25 februarie 1992. Conform unui raport publicat în *The Times*, la 10 mai 1920, bazat pe surse sovietice, 458 din cei 556 de funcționari principali ai regimului erau evrei, echivalentul a 82,4%. Autorul a vizitat unul dintre ultimele muzee dedicate lui Lenin din Tampere, Finlanda, unde Lenin a planificat Revoluția din noiembrie 1905 din Rusia.

a răsturna monarhia rusă. La rândul său, acesta a fost finanțat de evreul american Jacob Schiff,[187], care era omul de paie al evreului englez Lord Walter Rothschild, arhitectul acestei catastrofe îngrozitoare. Aceste fapte au fost confirmate în fața Senatului Statelor Unite în 1921, când s-a afirmat că „întreaga responsabilitate pentru Primul Război Mondial revine bancherilor evrei internaționali. Ei sunt responsabili pentru milioane de morți. ”[188] La sfârșitul lunii octombrie 1926, o altă confirmare a acestor fapte irefutabile a fost dezvăluită într-o conversație între parlamentarul britanic Victor H. Cazalet și Henry Ford (1863-1947). Când acesta din urmă a fost întrebat cine erau bancherii evrei internaționali, el a răspuns: „Am mai multe cărți care vă vor spune cine sunt. Ei au fost responsabili de ultimul război și, în viitor, vor fi întotdeauna capabili să provoace un război atunci când vor simți nevoia.”[189]

---

[187] A se vedea Anthony C. Sutton, *Wall Street și Revoluția bolșevică*, Le Retour aux Sources 2010.

[188] Arhivele Congresului Statelor Unite, a 67-a sesiune, a 4-a ședință, Documentele Senatului nr. 346, 1921. În 1928, scriitorul evreu Marcus Élie Ravage a scris următoarele: „Încă nu ați început pe deplin să apreciați adevărata profunzime a vinovăției noastre. Noi suntem intrușii. Noi suntem pervertitorii. Am pus mâna pe lumea voastră naturală, pe idealurile voastre, pe destinul vostru și le-am devastat. Noi am fost la originea nu doar a ultimului mare război [Primul Război Mondial], ci a aproape tuturor războaielor voastre, nu doar a Revoluției Ruse, ci a tuturor marilor revoluții din istoria voastră. Am semănat discordie și confuzie și am sădit frustrarea în viața voastră personală și publică. Încă o facem. Nimeni nu poate spune cât timp vom continua să facem acest lucru.” *The Century Magazine*, ianuarie 1928, vol. 115, nr. 3, p. 346-350, citat de B. Klassen în *The White Man's Bible, The Church of the Creator*, Otto, Carolina de Nord, 1981, p. 287-289.

[189] A. N. Field, *The Truth About the Slump – What the News Never Tells*, Publicație privată, Nelson, Noua Zeelandă.

Henry Ford, pionierul industriei auto, i-a identificat pe bancherii evrei internaţionali drept instigatorii Primului Război Mondial, exprimându-şi analizele în *„The International Jew"*, publicat de ziarul *Dearborn Independent.*

Rivalităţile comerciale, jocul alianţelor şi poziţiile greşit înţelese sunt adesea prezentate ca fiind principalele cauze ale Primului Război Mondial. Cu toate acestea, adevăratele motive, în ordinea importanţei, au fost următoarele:

1) Distrugerea Imperiului Rus şi a Băncii sale de Stat

2) Distrugerea celorlalte imperii (austro-ungar, german şi

otoman) prin divizarea lor în state mai mici, care ar putea fi apoi mai ușor exploatate prin înființarea de bănci centrale.

3) Cucerirea Palestinei și crearea unui stat marionetă sionist sub controlul direct al familiei Rothschild.[190]

La sfârșitul anului 1916, armatele britanice și franceze se aflau în pericol de a pierde războiul, francezii revoltându-se deja pe frontul de vest. Britanicii își pierduseră deja supremația maritimă în bătălia de la Jutland, pe 3 mai 1916, când marina germană, aflată în inferioritate numerică de două ori, a umilit invincibila Royal Navy, scufundând 12 nave și pierzând 6, suferind pierderi de 2.551 de marinari față de cele suferite de britanici, care s-au ridicat la 6.094.[191] Cei doi împărați au încercat cu disperare să pună capăt acestui masacru fratricid inutil. Atunci a apărut o ofertă din partea lordului Rothschild, care garanta sprijinul Americii în schimbul atribuirii Palestinei unui grup de sioniști evrei după lichidarea Imperiului Otoman.[192]

La 6 aprilie 1917, Statele Unite au declarat război Germaniei[193] și celorlalte puteri centrale, iar la 2 noiembrie 1917, lordul Rothschild și colaboratorii săi sioniști au primit în scris din partea Marii Britanii asigurarea că Palestina va fi acordată coloniștilor evrei.[194] Acest document trist de faimos, cunoscut

---

[190] N. Ferguson, *The House of Rothschild, The World's Banker 1849-1999*, vol. 2, Penguin Books, Londra, 1999, p. 449.

[191] Léon Degrelle, *Hitler născut la Versailles*, vol. 1 din *„Secolul lui Hitler"*.

[192] Mișcarea Tinerilor Turci, care a organizat căderea Imperiului Otoman, era alcătuită în principal din evrei *donmeh* (termen turcesc pentru convertiți), care urmau cultul evreiesc al sabataismului, fondat de Sabbatai Tsevi la mijlocul secolului al XVII-lea. P. Papaherakles, Tinerii Turci și masacrul a 117 milioane de albi, *The Barnes Review*, Washington, D. C. Vol. XVIII, nr. 2, martie/aprilie 2012, p. 22-31.

[193] Într-un discurs ținut la Hotelul Willard, din Washington, D.C., în 1961, Benjamin Freedman (Friedman), un fost evreu convertit la catolicismul roman, a confirmat modul în care evreii germani au trădat Germania în timpul Primului Război Mondial, păcălind Statele Unite și forțându-le să se alăture Angliei în schimbul promisiunii viitoare a Palestinei.

[194] Peste 98% dintre coloniștii sioniști din Palestina sunt ashkenazi, neavând absolut nicio legătură etnică semitică cu teritoriul respectiv. Aceștia sunt descendenții regatului khazar, care era situat în sudul Rusiei, în regiunea actualei Georgii. Khazarii au fost supuși unei convertiri masive la iudaism de către monarhul lor, regele Bulan, în secolul al VIII-lea d.Hr. O confirmare poate fi găsită într-un articol despre craniometrie al dr. Maurice Fishberg în *Jewish Encyclopaedia* IV, 1902, p. 331-335. Acest studiu, care a analizat aproape 3000 de cranii evreiești provenite din diverse țări pe o perioadă de 20 de ani, a

sub numele de Declarația Balfour, a fost redactat de Lord Arthur James Balfour, secretarul britanic de externe, și de generalul Jan Christian Smuts, membru al Cabinetului Imperial de Război.

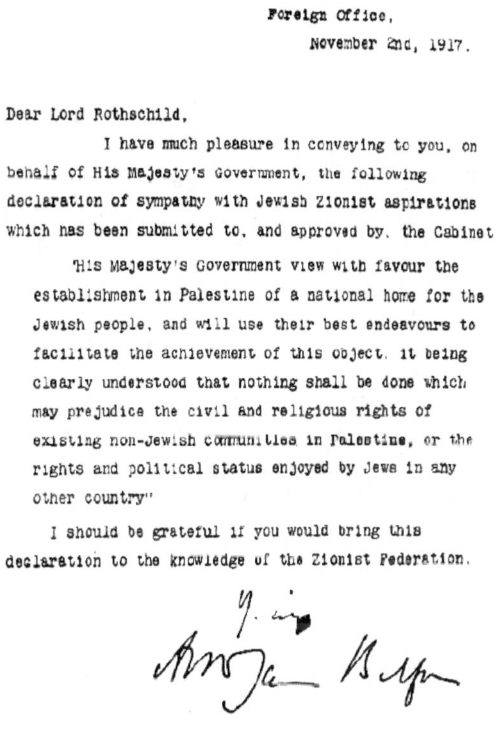

Foreign Office,
November 2nd, 1917.

Dear Lord Rothschild,

I have much pleasure in conveying to you, on behalf of His Majesty's Government, the following declaration of sympathy with Jewish Zionist aspirations which has been submitted to, and approved by, the Cabinet

"His Majesty's Government view with favour the establishment in Palestine of a national home for the Jewish people, and will use their best endeavours to facilitate the achievement of this object, it being clearly understood that nothing shall be done which may prejudice the civil and religious rights of existing non-Jewish communities in Palestine, or the rights and political status enjoyed by Jews in any other country"

I should be grateful if you would bring this declaration to the knowledge of the Zionist Federation.

Scrisoarea lordului **Arthur Balfour** către lordul **Walter Rothschild**, liderul Federației Sioniste, confirmând sprijinul britanic pentru înființarea unui stat sionist în Palestina.

---

revelat că acestea aparțineau categoriei brahicefaliei sau capului lărgit, cu un indice de 80; în contrast cu capetele arabilor, care sunt dolicefale sau cu capul lung. A se vedea, de asemenea, Arthur Koestler, *A treisprezecea trib: Imperiul Khazar și moștenirea sa.* Random House, 1976, p. 255. Și Shlomo Sand, *Cum a fost inventat poporul evreu,* Verso, 2009, p. 344 și *Cum a fost inventată țara Israelului: De la Țara Sfântă la patria mamă,* Verso, 2012, p. 304. La 5 decembrie 2012, un studiu redactat de dr. Eran Elhaik, cercetător genetician la Facultatea de Medicină a Universității Johns Hopkins, a fost publicaț de Oxford University Press în numele Societății de Biologie Moleculară și Evoluție și a confirmat că „teza khazară" este corectă din punct de vedere științific.

Băile de sânge provocate de acest război inutil au continuat încă doi ani. Rusia a fost complet distrusă și s-a creat o problemă insolubilă în Orientul Mijlociu. Așa cum a remarcat profetic rabinul Reichorn în 1859: „Războaiele sunt recoltele evreilor, pentru că datorită lor îi exterminăm pe creștini și preluăm controlul asupra aurului lor. Am ucis deja 100 de milioane. Îi vom atrage pe creștini în alte războaie, exploatându-le mândria națională și prostia. Se vor măcelări între ei, făcând astfel mai mult loc poporului nostru. »[195] În aceeași notă, Gutle Schnapper, soția lui Mayer Amschel Rothschild, a declarat cu puțin timp înainte de a muri, în 1849: «Dacă fiii mei nu ar fi vrut războiul, nu ar fi existat.»[196]

Un armistițiu a fost semnat la 11 noiembrie 1918, iar șapte luni mai târziu, la 28 iunie 1919, a fost semnat Tratatul de la Versailles, profund viciat. Germania trebuia să accepte să-și asume întreaga vină și să plătească reparații exorbitante de 6,6 miliarde de lire sterline[197], echivalentul întregii bogății a țării, deși ceilalți beligeranți, Anglia, Franța și Rusia, erau la fel de vinovați – dacă nu chiar mai mult. Această despăgubire urma să fie utilizată pentru a rambursa bancherilor internaționali împrumuturile frauduloase și dobânzile fictive care fuseseră acordate guvernelor Marii Britanii și Franței. Așa cum a declarat generalul Smuts la conferință: „Tot ce am făcut aici este mult mai grav decât Congresul de la Viena. Oamenii de stat din 1815 știau cel puțin ce se întâmpla. Politicienii noștri nu au nicio idee."[198]

---

[195] *Le Contemporain*, 1 iulie 1880.

[196] N. Ferguson, op. cit., p. 20.

[197] Conform calculatorului de inflație al Băncii Angliei, 6,6 miliarde de lire sterline echivalau cu 289 de miliarde de lire sterline în 2012. www.bankofengland.co.uk/education/Pages/inflation/calculator/flash/default.aspx

[198] Léon Degrelle, op. cit., p. 335.

CAPITOLUL V

MAREA DEPRESIUNE

„Capitalul trebuie să se protejeze prin toate mijloacele posibile, atât prin înşelăciune, cât şi prin legislaţie. Datoriile trebuie rambursate, iar ipotecile trebuie executate cât mai repede posibil. Când, prin procesul legal, oamenii obişnuiţi îşi pierd casele, devin mai docili şi mai uşor de guvernat de către braţul secular al guvernului, mişcat de o putere centrală exercitată de bogaţi sub conducerea finanţiştilor. Aceste adevăruri sunt bine cunoscute de agenţii noştri, care se străduiesc acum să formeze un imperialism pentru a guverna lumea. Prin divizarea alegătorilor cu ajutorul sistemului partidelor politice, îi forţăm să-şi consume energia şi să se lupte pentru chestiuni nesemnificative. Astfel, prin acţiuni discrete, vom reuşi să ne asigurăm ceea ce a fost deja atât de bine planificat şi realizat cu atât de mult succes."

- Montagu Norman, guvernator al Băncii Angliei, adresându-se Asociaţiei Băncilor din Statele Unite, la New York, în 1924.

La începutul secolului al XX-lea, existau încă doar 18 bănci centrale: Riksbank din Suedia (1668), Banca Angliei (1694), Banca Spaniei (1782), Banca Franţei (1800), Banca Finlandei (1812), Banca Olandei[199] (1814), Banca Norvegiei (1816), Banca Austriei (1816), Banca Danemarcei (1818), Banca Portugaliei (1846), Banca Belgiei (1850), Banca Indoneziei (fosta Bancă a Java) (1865), Reichsbank-ul german (1876), Banca Naţională a Bulgariei (1879), Banca Naţională a României (1880), Banca Japoniei (1882), Banca Naţională a Serbiei (1884) şi Banca Italiei (1893).

În 1922, a avut loc o conferinţă la Genova, în perioada 10 aprilie – 19 mai, la care au participat toţi şefii de stat, guvernatorii ai Băncii Angliei, ai Băncii Franţei şi ai Rezervei Federale din New York, precum şi o mulţime de bancheri internaţionali. La această conferinţă s-a decis înfiinţarea de

[199] *De Nederlandsche Bank* a fost precedată de *Amterdamsche Wisselbank*, fondată în 1609 de Dirck van Os, şi poate fi astfel considerată prima bancă centrală din lume.

bănci centrale în toate țările care nu dispuneau încă de astfel de instituții. Guvernatorul Băncii Angliei, Montagu Norman,[200] a insistat asupra faptului că băncile centrale trebuiau să fie independente de guvernele lor.[201] A. N. Field relatează acest eveniment semnificativ în lucrarea sa *All These Things*:

> „În ciuda îndrăzneală acestor proceduri, ele au cunoscut un succes deplin. Economiștii plătiți au descoperit cu naivitate că băncile de rezervă erau instrumente științifice minunate, ziarele s-au alăturat aplauzelor, iar politicienii din diverse state s-au comportat ca niște păstori disciplinați care conduc oile la abator. Faptul că finanțiștii nu sunt în niciun fel funcționari, ci simpli agenți plătiți de acționarii unei companii bancare și ale căror interese nu au nicio legătură cu interesul național."[202]

BANCA REGLEMENTĂRILOR INTERNAȚIONALE

Numărul noilor bănci centrale a crescut, în special „după crearea Băncii Reglementărilor Internaționale la Basel în 1930, [când] băncile centrale de rezervă (mai mult sau mai puțin independente de guvernele țărilor în care se aflau) [au apărut] ca ciupercile după ploaie peste tot în lume, în mijlocul aprobărilor unanime ale guvernelor și ale popoarelor lor, ambele înșelate de aceste bănci care intenționau să le subjuge.[203]

Scopul inițial al BRI era de a facilita plata reparațiilor de război de către Germania conform termenilor Tratatului de la

[200] Montagu Norman, un francmason, era foarte secretos și acționa adesea în secret. Când călătorea în străinătate, adopta pseudonimul de Profesor Skinner. Acesta era numele secretarului său, Ernest Skinner. Pe tot parcursul mandatului său, el nu a vizitat niciodată o țară care nu avea o bancă centrală și nu a purtat niciodată o conversație cu un guvernator al unei bănci centrale în prezența unui ministru de finanțe străin. R. S. Sayers, *The Bank of England 1891-1944*, Cambridge University Press, Cambridge, 1976, p. 159-160.

[201] A. N. Field, *All These Things*, Omni Publications, Hawthorne, California, 1936, p. 7.

[202] D. J. Amos, *The Story of the Commonwealth Bank*, Veritas Publishing Company Pty Ltd, Bullsbrook, Australia, 1986, p. 27.

[203] Ibid., p. 8.

Versailles, dar odată ce efectele Marii Depresiuni – declanşată artificial – au început să se facă simţite, iar naţionali-socialiştii au preluat puterea în ianuarie 1933, toate plăţile au fost suspendate, iar BRI a trebuit să găsească o nouă direcţie, şi anume promovarea cooperării monetare. În realitate, BRI ghidează şi conduce sistemul financiar global prin intermediul băncilor centrale din fiecare ţară, dintre care 60 îi sunt direct afiliate.

Sediul băncii se află la Basel, în Elveţia, şi este situat în prezent într-o clădire de 18 etaje, care seamănă cu turnul de răcire al unei centrale electrice. Este vorba despre banca centrală a băncilor centrale, conducătorii săi nu sunt aleşi şi nu au obligaţia de a da socoteală nimănui, statutul său îi garantează imunitate faţă de legile naţionale şi fiscale şi dispune de propriile forţe de poliţie private. În plus, în temeiul unui acord încheiat cu Consiliul Federal Elveţian, arhivele băncii, precum şi toate documentele şi datele sale electronice, sunt inviolabile în orice moment şi în orice loc. Acest acord se bazează pe articolul X, alineatul 2, din Protocolul de la Haga, semnat la 31 august 1929, care specifică: „Banca, bunurile şi activele sale, precum şi depozitele sau alte fonduri care îi sunt încredinţate, pe teritoriul sau sub administrarea... rămân scutite de orice deficienţă şi de orice măsură restrictivă, precum cenzura, requisitiile, sechestrul sau confiscarea, în timp de pace sau de război, precum şi liberă de orice măsură de represalii, de interdicţie sau de restricţie a exportului de aur sau de valută şi de alte interferenţe, restricţii sau interdicţii similare. » Reuniunile sale bimestriale, în cadrul cărora se discută economia mondială, se desfăşoară în secret absolut. Nu există o agendă scrisă, cu excepţia cazului în care unul dintre statutele băncii necesită o revizuire, iar procesele-verbale nu sunt păstrate. Funcţiile principale ale băncii sunt, oficial:

(i) Facilitarea colaborării între băncile centrale prin intermediul acordurilor.

(ii) Promovarea stabilităţii financiare

(iii) Căutarea de soluţii politice

(iv) Să acționeze ca contrapartidă pentru tranzacțiile financiare ale băncilor centrale.

(v) Să acționeze ca agent sau administrator în legătură cu operațiunile financiare internaționale.

Cu toate acestea, adevărata natură a BRI a fost dezvăluită în lucrarea *Tragedy and Hope*, scrisă de un inițiat, profesorul Carroll Quigley de la Universitatea Georgetown, care a explicat:

> „Pe lângă toate aceste obiective pragmatice, forțele capitalismului financiar urmăreau un scop de anvergură, nimic mai puțin decât crearea unui sistem mondial de control financiar în mâini private, capabil să domine sistemul politic al fiecărei țări și economia mondială în ansamblu. Acest sistem urma să fie controlat în mod feudal de băncile centrale din întreaga lume, acționând de comun acord prin intermediul unor acorduri secrete încheiate în cadrul unor reuniuni și conferințe frecvente. Vârful sistemului urma să fie Banca Reglementărilor Internaționale din Basel, Elveția, o bancă privată deținută și controlată de băncile centrale ale lumii, care sunt ele însele organisme private. Fiecare bancă centrală, aflată în mâinile unor oameni precum Montagu Norman de la Banca Angliei, Benjamin Strong de la Rezerva Federală din New York, Charles Rist de la Banca Franței și Hjalmar Schacht de la Reichsbank, căuta să-și domine guvernul prin capacitatea sa de a controla împrumuturile de stat, de a manipula comerțul exterior, de a influența nivelul de activitate economică din țară și de a-i recompensa pe politicienii cooperanți cu poziții influente în lumea afacerilor."[204]

[204] Carroll Quigley, *Tragedy and Hope, A History of the World in Our Time*, The Macmillan Company, New York, 1966, p. 324.

Iluzia și realitatea – o coadă de șomeri la Chicago în 1937.

Așa cum a prezis profesorul Quigley în 1966, scopul final al BRI este o monedă mondială unică, un singur sistem economic mondial și un guvern mondial, în care legile naționale nu se mai aplică și nu mai sunt justificate. Controlul Băncii se află în mâinile Casei Rothschild prin investițiile sale în diverse bănci centrale și alte bănci private.

După cel de-al Doilea Război Mondial și dizolvarea imperiilor coloniale europene, deoarece acestea nu mai erau viabile din punct de vedere economic și prezentau perspective mai bune pentru exploatarea lor prin împrumuturi internaționale,[205] a avut loc o proliferare a băncilor centrale, iar în prezent numărul acestora se ridică la 155. Opt dintre aceste bănci se află în întregime sub control privat: Banca Națională a Belgiei, Banca Greciei, Banca Italiei, Banca Japoniei, Banca de Rezervă a Africii de Sud, Banca Națională a Elveției, Banca Centrală a Republicii Turcia și Rezerva Federală a Statelor Unite. Înființarea coordonată a tuturor acestor bănci centrale dovedește fără niciun dubiu că toate fac parte dintr-un

[205] Pentru o descriere a modului în care Banca Mondială și FMI, în special prin programul de ajustări structurale al acestuia din urmă, au exploatat țările în curs de dezvoltare cu împrumuturi străine, a se vedea P. T. Bauer, *Equality, the Third World, and Economic Delusion,* Harvard University Press, Cambridge, Massachusetts, 1981, p. 304, și J. Perkins, *Mărturisirile unui asasin financiar*, Alterre, 2005.

„conglomerat bancar internațional”.[206]

REZERVA FEDERALĂ A STATELOR UNITE

Între 1820 și 1910, deși a existat o creștere temporară a prețurilor în timpul Războiului de Secesiune (1861-1866), dolarul și-a păstrat puterea de cumpărare, adică un dolar valora încă un dolar 90 de ani mai târziu. Cu toate acestea, a fost nevoie de doar șase ani pentru ca Rezerva Federală să distrugă valoarea dolarului. Între 1914 și 1920, prețurile au crescut cu 125%, reducând valoarea sa cu 56,1%.

Înainte de a ne îndrepta atenția asupra Marii Depresiuni, trebuie luată în considerare o scurtă analiză a cauzelor primei deflații majore. Pentru a controla prețurile, la 18 mai 1920 a avut loc la Washington D.C. o reuniune bancară secretă, sub denumirea înșelătoare de Comitetul Metodic pentru Deflatie al Asociației Băncilor Americane.[207] La ordinul Rezervei Federale, fără preaviz sau avertisment, rata de scont a crescut rapid de la 2% la 9% și mai mult. În același timp, Rezerva Federală a început să vândă agresiv titluri de stat, reducându-le valoarea cu 20%. Scăderea prețurilor titlurilor de stat a redus valoarea rezervelor băncilor, care au fost forțate să solicite rambursarea împrumuturilor. Acest lucru a provocat o „lichidare teribilă a tuturor produselor agricole”[208], iar „prețurile agricole s-au prăbușit, atingând cel mai scăzut nivel și provocând ruina fermierilor”.[209]

În același timp, companiile de transport, care dețineau cele mai mari monopoluri, precum Harrimans, și-au majorat tarifele rutiere într-o asemenea măsură încât, în unele state, costul transportului depășea costul de producție. Indicele de producție al fermelor s-a prăbușit cu mai mult de jumătate, scăzând de la 244 la 117, un an mai târziu, în mai 1920. Mulți fermieri au fost ruinați deoarece cheltuielile lor generale au

---

[206] A. N. Field, op. cit., p. 5.
[207] G. M. Coogan, *Money Creators, Who Creates Money? Who Should Create it?* Omni Publications, Hawthorne, California, 1963, (publicat pentru prima dată în 1935), p. 62.
[208] Ibid., p. 62.
[209] Ibid., p. 62.

rămas neschimbate, dar sarcinile lor financiare au crescut vertiginos.

Puterile nelimitate de care dispune Rezerva Federală i-au permis să reducă masa monetară a Statelor Unite și creditul Statelor Unite cu 2 miliarde de dolari, ceea ce a avut ca rezultat „reducerea prețurilor la jumătate și instaurarea stării de disperare și confuzie. "[210] Această politică a fost aplicată în mod deliberat[211] pentru a sărăci sectorul agricol[212] prin transferul banilor din mediul rural către centrele urbane, reducând totodată, pe parcurs, autosuficiența alimentară a Americii, făcând-o astfel vulnerabilă la intrigile și capriciile escrocilor și speculatorilor financiari.[213]

În iulie 1921, Rezerva Federală a inversat această politică, procedând la răscumpărări masive de titluri de stat. Cu toate acestea, daunele suferite de băncile agricole nu au putut fi reparate, iar produsele agricole au rămas sub incidența unei depresiuni artificiale, unele dintre ele fiind chiar vândute la prețuri inferioare costurilor de producție.

În august 1927, conspiratorii care dețineau și conduceau Rezerva Federală au decis că era timpul să creeze o nouă „bulă". În ciuda protestelor a 11 din cele 12 bănci federale, care percepeau pericolele, li s-a ordonat să-și scadă ratele de rescont și să se angajeze într-un program de răscumpărare masivă de titluri de stat (echivalentul modern al actualei relaxări cantitative), pentru a crește masa monetară.[214]

Foarte puțin din această monedă creată *ex nihilo* a fost alocată investițiilor productive, ci a fost injectată pe piețele bursiere, unde raportul preț/profit[215] s-a situat în curând la 20 și, în unele cazuri, la 50. Mass-media și „economiștii" corupți au anunțat

---

[210] A. N. Field, *The Truth About The Slump,* auto-publicat, Nelson, Noua Zeelandă.
[211] Ibid., p. 200.
[212] Prăbușirea deliberată a sectorului agricol american poate fi comparată cu distrugerea producției agricole din anii '30 din Ucraina (cuvânt rus care desemnează granița) de către Stalin și Holodomorul (termen rus pentru exterminare prin foamete) care a urmat și în cursul căruia șase milioane de kulaci (cuvânt rus care înseamnă pumn) au fost fie executați, fie au murit de foame.
[213] A. N. Field, op. cit., p. 204.
[214] G. M. Coogan, op. cit., p. 67.
[215] Raportul se calculează împărțind prețul acțiunilor la randamentul pe acțiune.

sosirea unei „noi ere" de prosperitate permanentă şi au alimentat în mod intenţionat flăcările speculaţiei, în timp ce 16 milioane de americani, dintr-o populaţie adultă de 73 de milioane, cumpărau şi vindeau acţiuni.

La 9 martie 1929, francmasonul Paul Warburg, fondatorul Rezervei Federale, le-a recomandat tuturor băncilor membre, precum şi secretarului Trezoreriei, un coleg francmason, Andrew Mellon, să se retragă de pe piaţa bursieră sau să vândă în lipsă. El i-a informat că, dacă ar acţiona imediat, ar realiza profituri enorme, deoarece indicele Dow Jones era pe punctul de a se prăbuşi.

Pe 24 octombrie 1929, Rezerva Federală a decis să pună capăt acestei orgii de speculaţii şi să înceapă escrocheria lor la scară largă. Rata de rediscont a trecut brusc la 6%. De pretutindeni, mii de ordine au fost trimise la Bursa din New York, pentru a vinde la „preţul pieţei", o stratagemă tipică folosită de speculanţi pentru a prăbuşi rapid cursurile. Încrederea s-a evaporat brusc şi a izbucnit prima Mare Depresiune planificată. Punctul decisiv a fost atins şase zile mai târziu, pe 30 octombrie 1929, când Rezerva Federală a ordonat reducerea împrumuturilor acordate brokerilor cu o sumă de 2,3 milioane de dolari. Bursa s-a prăbuşit şi, în decembrie 1932, valoarea titlurilor cotate scăzuse cu 83,1%, trecând de la 89 de miliarde de dolari la 15 miliarde de dolari.

Consecinţele economice şi sociale ale acestei prăbuşiri au fost devastatoare. Din 24.000 de bănci, 10.000 au dat faliment, lăsându-şi deponenţii ruinaţi. 200.000 de companii au intrat în faliment şi 8,3 milioane de persoane au fost aruncate pe străzi. În cei trei ani care au urmat, 24,9%[216] din populaţia activă a fost şomeră. Venitul naţional al Statelor Unite a scăzut cu 40,7%, de la 81 de miliarde de dolari în 1927 la 48 de miliarde de dolari în 1932. Se estimează că, în anii de criză economică, trei milioane de oameni au murit de foame. Principalele cauze au fost malnutriţia, bolile infecţioase şi sinuciderea.

Referindu-se la prăbuşirea bursei de la New York care a

[216] Societatea Naţiunilor, World Economic Survey: Eighth Year, 1938/1939 (Geneva, 1939) p. 128.

declanşat depresiunea, deputatul din Congres, Louis T. McFadden, a declarat cu precizie: „Este vorba de un eveniment provocat cu grijă... Bancherii internaţionali[217] căutau să creeze condiţii disperate pentru a ieşi mai bine în evidenţă ca conducători supremi ai tuturor."[218]

A. N. Field a denunţat inutilitatea băncilor centrale şi scopurile perverse pentru care au fost folosite în mod constant:

> „Băncile centrale, ca mijloc de prevenire a crizelor financiare, şi-au demonstrat astfel eşecul total în Statele Unite. Acest fapt nu a jucat deloc în defavoarea înfiinţării băncilor centrale în toate ţările. S-a pretins că finanţiştii aflaţi la conducerea Rezervei Federale a Statelor Unite nu doresc condiţii stabile şi că bulele şi recesiunile fără precedent care s-au succedat de la înfiinţarea acesteia au fost provocate în mod deliberat. Este cel puţin cert că cei care controlează sistemul s-au opus cu cea mai mare fermitate oricui a încercat să determine Congresul să promulge legi care să oblige Rezerva Federală să-şi folosească imensa putere pentru a menţine puterea de cumpărare a monedei sale la un nivel stabil."[219]

Într un articol publicat în *Financial Times* în 1930, profesorul Karl Gustav Cassel[220] de la Universitatea din Stockholm a remarcat: „O putere absolută asupra bunăstării lumii a fost practic pusă în mâinile Consiliului de administraţie al Rezervei Federale. Şi nu putem decât să fim consternaţi văzând modul aparent aleatoriu în care aceşti administratori folosesc această putere şi cât de contrară este aceasta cerinţelor care ar trebui să ghideze politica monetară a Americii."[221]

Să ne oprim un moment pentru a reda discursul fulminant rostit

[217] În anii 1920 şi 1930, termenul de „bancheri internaţionali" era o expresie comună folosită pentru a-i desemna pe bancherii evrei. Un alt eufemism folosit era cel de „finanţişti cosmopoliţi".
[218] A. N. Field, op. cit., p. 202.
[219] A. N. Field, *All These Things*, Omni Publications, Hawthorne, California, 1936, pp. 121-122.
[220] Profesorul Cassel a fost unul dintre membrii fondatori ai *Handelshögskolen i Stockholm* (Şcoala de Economie din Stockholm). Şcoala era fundamental împotrivă standardului aurului susţinut de Şcoala Economică Austriacă.
[221] A. N. Field, *The Truth About The Slump*, p. 118.

vineri, 10 iunie 1932, în Camera Reprezentanților de către fostul președinte al Comisiei Bancare și Monetare (1920-1931), onorabilul Louis T. McFadden:[222]

> „Domnule președinte, avem în această țară una dintre cele mai corupte instituții pe care le-a cunoscut vreodată lumea. Mă refer la Consiliul de administrație al Rezervei Federale și la Băncile Rezervei Federale.
>
> Acest consiliu de administrație, un organ al guvernului, a escrocat guvernul Statelor Unite și poporul american cu o sumă suficientă pentru a rambursa datoria națională. Ravagiile și nedreptățile Consiliului de Administrație al Rezervei Federale și ale Băncilor Rezervei Federale, acționând de comun acord, au costat această țară suficienți bani pentru a rambursa de mai multe ori datoria publică. Această instituție malefică a sărăcit și a ruinat poporul Statelor Unite; s-a falimentat pe sine însăși și a falimentat practic guvernul nostru. A realizat acest lucru prin lacunele legii sub care operează, prin aplicarea greșită a acestei legi de către Consiliul de Administrație și prin practicile corupte ale vulturilor bogați care îl controlează.
>
> Unii cred că băncile Rezervei Federale sunt instituții ale guvernului Statelor Unite. Nu este deloc așa. Ele sunt monopoluri private asupra creditului care își exercită prădarea asupra poporului Statelor Unite pentru propriul lor beneficiu și al clienților lor străini; speculanții și escrocii, precum și bogații creditori de bani prădători. Această clică sinistră de pirați financiari adăpostește oameni care ar tăia gâtul unui om pentru a-i jefui buzunarele; ei sunt cei care inundă statele cu bani pentru a cumpăra voturi și a controla legislația noastră; și ei sunt cei care mențin o propagandă internațională pentru a ne înșela și a ne forța să le acordăm și mai multe concesii care le vor permite să-și acopere fărădelegile din trecut și

[222] *„Collective Speeches of Congressman Louis T. McFadden"*, Omnia Publications, Hawthorne, California, 1970, Capitolul XVI, Comportamentul trădător și neloial al Rezervei Federale și al băncilor din Rezervele Federale, p. 298-329.

să-şi perpetueze uriaşa lor organizaţie criminală.

Aceste 12 monopoluri ale creditului au fost impuse în mod neloial şi înşelător acestei ţări de către bancheri veniţi din Europa, care ne-au mulţumit pentru ospitalitatea noastră sabotând instituţiile noastre americane. Aceşti bancheri au folosit banii acestei ţări pentru a finanţa Japonia în războiul său împotriva Rusiei. Au creat un regim de teroare în Rusia cu banii noştri, pentru a prelungi acest război; au fost artizanii păcii separate între Germania şi Rusia, ceea ce a semănat discordie între aliaţi în timpul Războiului Mondial. Au finanţat mitingurile de masă ale lui Troţki la New York, pentru a răspândi nemulţumirea şi rebeliunea. Au plătit călătoria lui Troţki de la New York până în Rusia, pentru ca acesta să poată participa la distrugerea Imperiului Rus. Ei au instigat şi provocat Revoluţia Rusă şi au pus la dispoziţia lui Troţki sume considerabile într-una d -urile sucursalelor lor bancare din Suedia, pentru ca, prin intermediul lui, familiile ruseşti să fie complet distruse şi copiii ruşi să fie separaţi de protectorii lor naturali. De atunci, ei şi-au început opera de distrugere a familiilor americane şi de dispersare a copiilor americani.

S-a declarat că preşedintele Wilson a fost înşelat de atenţia acordată de aceşti bancheri şi de poziţiile filantropice pe care le adoptau. S-a spus că, atunci când a descoperit modul în care fusese indus în eroare de colonelul House, s-a despărţit de acest amestecător, acest „sfânt călugăr" al imperiului financiar, şi i-a arătat uşa. A avut curajul să facă asta şi, în opinia mea, a dat dovadă de un mare merit.

Preşedintele Wilson a murit ca o victimă abuzată. Când a ajuns la preşedinţie, era dotat cu anumite calităţi ale minţii şi inimii care i-au permis să ocupe funcţii înalte în cadrul acestei naţiuni; dar nu a aspirat niciodată să devină bancher. A spus întotdeauna că ştia puţine lucruri despre sistemul bancar. Astfel, la sfatul altora, legea privind Rezerva Federală, sentinţa de moarte a libertăţii americane, a fost votată sub administraţia sa.

Domnule preşedinte, nu ar trebui să existe părtinire când vine vorba de afacerile bancare şi monetare ale acestei ţări, şi vorbesc fără niciun fel de părtinire.

În 1912, Asociaţia Monetară Naţională, sub preşedinţia regretatului senator Nelson W. Aldrich, a prezentat un raport, în pregătirea legii cunoscute sub numele de Legea Rezervei Naţionale. Această lege este mai cunoscută sub denumirea de Legea Aldrich. Senatorul Aldrich nu a redactat Legea Aldrich. El a fost instrumentul, nu complicele, bancherilor europeni [evrei] care de aproape 20 de ani planificau înfiinţarea unei bănci centrale în această ţară şi care, în 1912, cheltuiseră şi continuau să cheltuiască sume mari de bani pentru a-şi atinge obiectivul.

Legea Aldrich a fost denunţată în urma numirii lui Theodore Roosevelt în 1912, iar în acelaşi an, când Woodrow Wilson a fost numit, Partidul Democrat, aşa cum fusese adoptat de Convenţia de la Biltmore, a declarat în mod expres: „Ne opunem planului Aldrich privind banca centrală. " Toate acestea fac parte dintr-un discurs clar şi fără echivoc. Liderii Partidului Democrat au promis atunci poporului că, dacă vor fi aleşi în funcţii de conducere, nu va fi înfiinţată nicio bancă centrală atâta timp cât vor deţine frâiele guvernului. Treisprezece luni mai târziu, această promisiune a fost încălcată, iar administraţia Wilson, sub tutela acelor figuri sinistre de pe Wall Street care stăteau în spatele colonelului House, a înfiinţat în ţara noastră liberă instituţia monarhică coruptă a „băncii regelui" pentru a ne controla şi a ne aservi de la leagăn până la mormânt. Legea Rezervei Federale a distrus modul nostru ancestral de a face afaceri; ea discriminează efectele noastre comerciale bazate pe un nume,[223] cel mai avansat model din lume; a reintrodus vechea dublă denominare,[224] care reprezintă blestemul actual al acestei ţări şi care a devastat toate

[223] Un contract comercial sau o cambie care conţine o singură semnătură.

[224] Un contract comercial semnat de două persoane care îşi asumă întreaga responsabilitate.

țările care au pus-o în practică; a impus acestei țări aceeași tiranie de care părinții Constituției căutau să ne ferească.

Una dintre cele mai mari bătălii pentru păstrarea acestei Republici s-a desfășurat chiar aici, pe vremea lui Jackson, când a fost pusă în afara legii a doua Bancă a Statelor Unite, care a fost fondată pe aceleași principii false ca cele exemplificate în Legea Rezervei Federale. După căderea celei de-a doua Bănci a Statelor Unite în 1837, țara a fost avertizată cu privire la pericolele inerente faptului de a lăsa ca interesele animate de intenții prădătoare să revină deghizate, după ce au fost respinse, permițându-le să se alieze cu puterea executivă și, prin intermediul acesteia, să ajungă să preia controlul asupra guvernului. Totuși, exact acest „ " l-au făcut aceleași interese, când s-au întors îmbrăcate în intenții ipocrite și au reușit, sub pretexte false, să promoveze votul Legii Rezervei Federale.

Pericolul împotriva căruia țara a fost avertizată s-a abătut asupra noastră și ne prezintă lunga serie de orori care însoțesc afacerile trădătoare și necinstite ale Consiliului de administrație al Rezervei Federale și ale băncilor sale afiliate. Priviți în jur când veți părăsi această sală și veți vedea dovezi peste tot. Această eră de mizerie economică este în întregime imputabilă Rezervei Federale. Este o epocă a crimelor financiare, iar în finanțarea acestor crime, Rezerva Federală nu joacă rolul unui spectator dezinteresat.

Poporul Statelor Unite este grav înșelat. Dacă nu este așa, atunci nu știu ce înseamnă „a înșela oamenii". Și-au pierdut locurile de muncă. Au fost deposedați de casele lor. Au fost evacuați din locuințele închiriate. Și-au pierdut copiii. Au fost lăsați să moară din lipsă de adăpost, hrană, haine și medicamente.

Bogăția Statelor Unite și productivitatea sa au fost confiscate, iar toate acestea se află fie în seifurile anumitor bănci și mari corporații, fie au fost exportate în străinătate în beneficiul clienților străini ai acestor bănci și corporații. În ceea ce privește poporul american, paharul s-a umplut. Este adevărat că depozitele și silozurile de cărbune, precum și silozurile de cereale sunt pline, dar depozitele și silozurile sunt încuiate, iar marile bănci și corporații dețin cheile.

Jefuirea Statelor Unite de către Rezerva Federală și acoliții săi este cea mai mare crimă din istorie.

Domnule președinte, Camera Reprezentanților se confruntă astăzi cu o situație gravă. Noi suntem reprezentanții poporului, iar drepturile poporului îi sunt confiscate. Prin intermediul Rezervei Federale și al băncilor sale afiliate, poporul este privat de drepturile care îi sunt garantate de Constituție. Bunurile lor au fost confiscate fără niciun proces legal. Domnule președinte, decența ne impune să examinăm conturile guvernului pentru a descoperi crimele împotriva binelui public care au fost sau sunt în curs de a fi comise.

Ceea ce este necesar este o revenire la Constituția Statelor Unite. Avem nevoie de o separare completă între bănci și stat. Lupta ancestrală care a avut loc aici pe vremea lui Jackson trebuie dusă din nou. Independența Trezoreriei Statelor Unite trebuie restabilită, iar guvernul ar trebui să-și păstreze proprii bani sub cheie în clădirea pusă la dispoziție de popor în acest scop. Trebuie să scăpăm de moneda de hârtie, instrumentul escrocilor.

Guvernul ar trebui să achiziționeze aur și să emită monedă bazată exclusiv pe rezervele pe care le deține. Gestionarea afacerilor ar trebui redată bancherilor independenți. Sistemul bancar de stat ar trebui să fie liber de orice obstacol. Districtele Rezervei Federale ar trebui desființate, iar granițele statelor respectate. Rezervele bancare ar trebui menținute în statul ai cărui cetățeni sunt creditorii, iar această monedă de rezervă a poporului ar trebui protejată, astfel încât bancherii internaționali să nu poată pune mâna pe ea. Toate tranzacțiile ar trebui întrerupte în timp ce ne punem în ordine afacerile

> financiare. Legea Rezervei Federale și băncile Rezervei Federale care și-au încălcat statutul ar trebui lichidate imediat.
>
> Funcționarii guvernamentali neloiali care și-au încălcat jurămintele ar trebui destituiți și aduși în fața justiției. Dacă acest lucru nu se va întâmpla, prezic că poporul american, indignat, jefuit, prădat, insultat și trădat pe propriul său pământ, se va revolta și, în furia sa, va trimite aici un președinte care îi va alunga pe negustorii din templu." [Aplauze]

Din discursul de mai sus, se va observa că îngrijorările ridicate de Partidul Laburist din Africa de Sud, în cursul dezbaterii privind Legea bancară și monetară sud-africană, care „fusese concepută în SUA și nu era în serviciul interesului poporului, ci al băncilor",[225] erau astfel pe deplin justificate. Faptul că, în 1920, legiuitori naivi și ignoranți au permis înființarea Băncii Centrale a Africii de Sud, după modelul Rezervei Federale americane, pe care membrul Congresului McFadden a descris-o ca fiind „una dintre cele mai corupte și dăunătoare instituții din lume", este un fapt profund regretabil și trebuie condamnat în termeni fără echivoc.

[225] *Cape Times*, 28 iulie 1920.

Membrul Congresului **Louis Thomas McFadden** a fost preşedintele Comitetului Bancar şi Monetar al Statelor Unite (1920-1931). Dezvăluirile sale persistente cu privire la gigantica „organizaţie criminală" a Rezervei Federale au dus la asasinarea sa, la[1]octombrie 1936.

CLIFFORD HUGH DOUGLAS

Clifford Hugh Douglas (1879-1952) a fost un inginer care, în timp ce lucra ca adjunct al directorului la Fabrica Regală de Avioane din Farnborough, Anglia, în timpul Primului Război Mondial, a observat că costul total al bunurilor era mai mare decât sumele plătite sub formă de salarii și dividende. A decis să investigheze acest dezechilibru în modul în care circula banii în industrie și, după ce a colectat date de la sute de companii, a constatat că exista un deficit constant al puterii de cumpărare a consumatorilor în raport cu costurile totale de producție. El considera impozitul pe venit ca fiind un dividend negativ și a propus, în schimb, plata unui dividend național către toți cetățenii, care ar fi acoperit diferența dintre venituri și prețuri. Acest dividend ar fi oferit consumatorilor puterea de cumpărare suplimentară necesară pentru a absorbi întreaga producție actuală de bunuri într-un mod neinflaționist. Acest lucru face parte din teorema lui Douglas A+B, și anume că prețurile cresc întotdeauna într-un ritm mai rapid decât sunt generate veniturile, astfel încât suma totală a prețurilor tuturor bunurilor care circulă în economie, în orice moment, depășește puterea de cumpărare totală a consumatorilor. Teoria economică a lui Douglas, cunoscută sub numele de Credit Social[226], susținea transferul procesului de creare monetară de la băncile private către o bancă de stat; retrăgând acestora din urmă privilegiul de a crea bani din nimic sub forma unei datorii purtătoare de dobândă.

El propunea, de asemenea, un mecanism de ajustare numit Prețul Just. Acest mecanism ar permite reducerea prețurilor cu un anumit procent, în funcție de consecințele creșterii eficienței procesului de producție datorate îmbunătățirilor tehnologice. În acest fel, beneficiile tehnologiei s-ar reflecta direct asupra lucrătorilor și le-ar îmbunătăți condițiile de viață.

---

[226] Într-o scrisoare adresată lui H. S. (Jim) Ede, datată 5 aprilie 1935, Laurence al Arabiei și-a exprimat opinia cu privire la schema de credit a lui Douglas, în lucrarea lui Maurice Colbourne, *Economic Nationalism*: „Economia este asemănătoare cu mareele. Nu reușim să o exploatăm, totuși ea curge și se retrage. Ceea ce ar trebui făcut ar fi să o cartografiem, dar nimeni nu reușește să-i distingă luna." *The Letters of T. E. Lawrence*, editat de D. Garnett, Jonathan Cape, Londra, 1938, p. 866.

Douglas era pe deplin conştient de faptul că aceste progrese tehnologice crescânde ar face imposibil obiectivul ocupării depline a forţei de muncă.

De aici insistenţa sa cu privire la plata unui dividend naţional, calculat prin adăugarea la venitul minim a unei părţi echivalente cu creşterea producţiei naţionale şi a datelor privind consumul.

După Primul Război Mondial, Douglas şi-a dedicat restul vieţii promovării ideilor sale şi a ţinut conferinţe în numeroase ţări, printre care Australia, Canada, Japonia, Noua Zeelandă şi Norvegia. A obţinut două succese notabile:

(i) Partidul Social-Credit a preluat controlul asupra guvernului provincial din Alberta, Canada, în 1935.

(ii) După un turneu de conferinţe în Japonia în 1929, soluţiile sale au fost adoptate de guvernul japonez în 1935.

Propunerile lui Douglas erau extrem de temute de bancherii internaţionali şi, în anii 1930, aceştia au alocat o sumă considerabilă de 5 milioane de lire sterline[227] pentru a contracara programul său de conştientizare a maselor, care a avut un mare succes. Douglas nu simţea decât dispreţ faţă de bancherii centrali şi, cu o ocazie, în timp ce ţinea un discurs la Newcastle-upon-Tyne în 1937, a calificat Banca Angliei drept „azil de nebuni”.[228]

[227] Conform calculatorului inflaţiei al Băncii Angliei, 5 milioane de lire sterline echivalau cu 301 milioane de lire sterline în 2012.
[228] C. H. Douglas, *Security Institutional and Personal*, un discurs ţinut la Primărie, Newcastle-upon-Tyne, pe 9 martie 1937, p. 6. Ezra Pound, vorbind la Radio Roma, pe[1]iunie 1943, a calificat Banca Angliei *drept „canalul Angliei”*.

Certificat de prosperitate emis de Partidul Creditului Social, Alberta, 1936

Clifford Hugh Douglas. Propunerile sale privind creditul social şi sistemul bancar de stat au fost acceptate de guvernul din Alberta, Canada, şi de cel al Imperiului Japonez.

IRVING NORTON FISHER

Irving Fisher (1867-1947) a fost un renumit profesor de economie la Universitatea Yale, care a adoptat o abordare matematică pentru a rezolva problemele economice. Este cunoscut pentru teoria utilităţii sale, care juxtapune măsurabilitatea funcţiei utilitare cu teoria cererii. În tratatul său, *The Theory of Interest/Teoria dobânzii*, el a observat schimbările în valoarea relativă a bunurilor în funcţie de variaţia ratelor dobânzilor în timp. Aceasta a devenit Teoria cantitativă a banilor. De-a lungul vieţii sale, a fost un participant activ al mişcării eugeniste.

În martie 1913, senatorul Robert L. Owen, preşedintele Comitetului Bancar al Senatului, a încercat să promoveze o lege alternativă pentru a contracara propunerile bancare şi monetare ale tandemului fraudulos Rothschild/Rockefeller.[229] Legea ar fi permis includerea produselor de primă necesitate în baza monetară, pe lângă aur şi argint, şi ar fi evitat astfel posibilitatea inflaţiei şi a deflaţiei, creând astfel o adevărată libertate pe piaţa muncii. Irving Fisher l-a asistat pe Owen la redactarea acestei propuneri de lege, dar a fost ulterior şantajat pentru a-şi retrage sprijinul.

Acest paragraf revelator este extras din lucrarea lui Emmanuel Josephson, *The Federal Reserve Conspiracy & Rockefellers „Their Gold Corner"*, şi descrie perfect ceea ce a urmat:

> „Conspiratorii erau hotărâţi să împiedice prezentarea proiectului de lege Owen. L-au convocat pe profesorul Fisher în faţa conducerii Universităţii Yale şi l-au confruntat, calificând drept «absurdă» apărarea sa conform căreia moneda trebuia să fie bazată şi garantată de un echivalent de materie primă, altul decât aurul, în cadrul unui sistem de „ ". Senatorul Owen povesteşte că Fisher a fost avertizat că nu va mai fi loc la Yale, nici la

[229] Familia Rockefeller este descendentă a unor imigranţi germani, posibil evrei, care îşi scriau numele Roggenfelder în Evul Mediu; deoarece evreii nu erau consideraţi cetăţeni, au fost obligaţi de prinţii germani să adauge sufixul unui obiect neînsufleţit la numele lor de familie. De unde –berg (munte), -stein (piatră) etc.

vreo altă universitate, pentru cineva atât de „nesăbuit". Profesorul Fisher era pe deplin conştient de mâna care îl hrănea şi era, din păcate, la fel de lipsit de principii ca mulţimea de „profesori" prostituaţi ai conspiratorilor şi ai fundaţiilor lor. El a cedat şantajelor lor şi l-a trădat pe senatorul Owen, retrăgându-şi sprijinul profesional pentru această lege sub forma unui remediu onest pe care el însuşi ajutase la redactarea ei. În locul acestuia, profesorul Fisher a luat poziţie în favoarea a ceea ce el numea, în batjocură, dolarul „materie primă", a cărui valoare trebuia determinată de un „indice aur", ceea ce urma să provoace o stabilizare a economiei, conferind valorii materiilor prime, aurului şi dolarului, o bază speculativă care ar fi decuplat puterea conspiratorilor de a manipula sau de a „gestiona" economia pentru a le permite să înşele mai uşor naţiunea. *Lovitura de graţie*[230] propunerii de lege monetară a senatorului Owen a fost dată de preşedintele Wilson atunci când a refuzat-o categoric."[231]

[230] N.D.T.: în franceză în text.

[231] E. M. Josephson, *The „Federal" Reserve Conspiracy & Rockefellers, Their „Gold Corner"*, Chedney Press, New York, 1968, p. 51.

Planul de la Chicago din 1933 al profesorului **Irving Fisher**, care propunea un sistem bancar cu rezervă integrală, a fost aprobat de cercetătorii Fondului Monetar Internațional în 2012.

În 1920, după ce a cedat și a trădat eforturile senatorului Owen de a reforma legea bancară și monetară, Fisher a publicat o lucrare intitulată *Dollar Stabilisation*,[232] care conține ceea ce urma să devină ulterior Planul de la Chicago.[233] Planul a fost publicat în mod privat, sub forma unui memorandum de șase pagini, și distribuit către 40 de persoane, la 16 martie 1933. El susținea că statul trebuia să preia responsabilitatea creării masei monetare, iar băncile private trebuiau să funcționeze ca bănci de rezervă de sine stătătoare. Folosind principii matematice, Fisher a reușit să demonstreze că acest lucru ar

[232] A. N. Field, op. cit., p. 169.

[233] Fisher era la curent cu avantajele unei monede emise public, fără datorii și fără dobânzi, la nivel local în Europa. În *Stamp Scrip*, Adelphi Publishers, New York, 1933, el a dedicat capitolul IV primei experimente din străinătate: Silvio Gesell. Gesell a introdus hârtia monetară Wara (*Ware und Währung* – Bunuri și Monedă) în orașul minier de cărbune aflat în criză Schwanenkirchen, din Bavaria. În capitolul V: Răspândirea bruscă a „Certificatelor", el descrie cum certificatele au transformat orașul aflat în criză Wörgl, din Austria, într-un centru de prosperitate înfloritoare.

duce la ocuparea deplină a forței de muncă, ciclurile economice ar fi, de asemenea, eliminate, iar inflația ar fi redusă și ar rămâne la zero.

În august 2012, doi cercetători ai Fondului Monetar Internațional, Jaromir Benes și Michael Kumhoff, au prezentat *The Chicago Plan Revisited / Planul de la Chicago revizuit*. Ei au constatat că fiecare dintre argumentele lui Fisher era 100% corect. Iată concluzia lor:

> „Acest studiu revizuiește Planul de la Chicago, o propunere de reformă monetară fundamentală care a fost susținută de numeroși economiști eminenți din Statele Unite în momentele cele mai critice ale Marii Depresiuni. Fisher (1936), în rezumatul său strălucit al Planului de la Chicago, a susținut că acesta prezenta patru avantaje majore, de la o mai mare stabilitate macroeconomică la un nivel al datoriei mult mai scăzut în întreaga economie. În acest studiu, am reușit să evaluăm riguros argumentele sale, aplicând liniile directoare ale Planului de la Chicago asupra unui model monetar de ultimă generație de tip DSGE ([234]), care conține în miniatură un model perfect calibrat și microfinanțat al actualului sistem financiar american. Caracteristica esențială a acestui model este că masa monetară care circulă în economie este creată de bănci, prin intermediul datoriei, mai degrabă decât creată fără datorie de către guvern.
>
> Analizele și rezultatele simulării noastre validează în totalitate afirmațiile lui Fisher (1936). Planul de la Chicago ar putea permite reducerea semnificativă a volatilității ciclurilor economice cauzate de schimbarea rapidă a atitudinii băncilor față de riscul de credit, ar elimina probabilitatea panicii bancare și ar conduce la o reducere instantanee a nivelului datoriei publice și private. Acesta ar realiza această reducere „ " prin redarea statului a puterii sale de emisiune, care reprezintă în mod echitabil binele comun mai degrabă decât datoria, aceasta din urmă devenind principalul activ al economiei, în timp

[234] Dynamic Stochastic General Equilibrium. (Echilibrul general stochastic dinamic).

ce băncile își concentrează eforturile pe extinderea creditului pentru proiecte de investiții care necesită supraveghere și expertiză în materie de risc. Considerăm că avantajele Planului de la Chicago depășesc chiar și pozițiile susținute de Fisher.

Unul dintre numeroasele avantaje suplimentare corespunde câștigului de productivitate generat de eliminarea sau reducerea multiplilor factori de distorsiune, și anume ratele dobânzilor, primele de risc, impozitele confiscatorii și o supraveghere a riscurilor macroeconomice la fel de costisitoare pe cât de inutilă. Un alt avantaj decurge din capacitatea de a menține inflația la un nivel apropiat de zero într-un context în care nu există blocarea lichidităților și în care monetarismul devine fezabil și de dorit, deoarece guvernul exercită controlul deplin asupra agregatelor monetare. Această capacitate de a genera și menține inflația la zero este un rezultat de o importanță primordială, deoarece răspunde tuturor pretențiilor destul de confuze ale oponenților monopolului exclusiv al emisiunii monetare guvernamentale, care pretind că un astfel de sistem ar fi extrem de inflaționist. Analiza noastră teoretică nu conține nimic care să confirme acest argument. Și, așa cum s-a menționat în secțiunea II, nu există nimic în întreaga istorie monetară a societăților antice din națiunile occidentale care să confirme acest lucru.[235]

[235] Lucrări ale FMI, august 2012. https://www.imf.org/external/pubs/ft/wp/2012/wp12202.pdf

CAPITOLUL VI

ASCENSIUNEA ȘI CĂDEREA SISTEMULUI BANCAR DE STAT (1932-1945)

„Știți bine că etalonul aur a provocat ruina statelor care l-au adoptat, deoarece nu a fost niciodată capabil să satisfacă nevoile lor monetare, având în vedere că am retras aurul din circulație pe cât posibil.”

- Protocolul nr. 20[236]

„Susțineam apoi că etalonul aur, fixarea cursurilor de schimb și așa mai departe nu erau altceva decât niște aiureli pe care nu le-am considerat niciodată și nu le voi considera niciodată principii economice imuabile. Banii, pentru mine, erau pur și simplu un mijloc de schimb pentru o muncă prestată, iar valoarea lor depindea în totalitate de valoarea muncii prestate. În cazul în care banii nu reprezentau un serviciu prestat, insistam asupra faptului că nu aveau nicio valoare.”

- Adolf Hitler[237]

REICHSBANK: BANCA DE STAT A GERMANIEI NAȚIONAL-SOCIALISTE

Din haosul mondial și ravagiile economice ale anilor 1930, care fuseseră toate provocate de băncile centrale controlate de familia Rothschild, au apărut trei fenici.

În mai 1919, un soldat de rând a asistat la o conferință susținută de un fost inginer civil devenit economist, dr. Gottfried Feder (1883-1941), intitulată „ ” („Manifest pentru ruperea lanțurilor

[236] *Protocoalele Înțelepților din Sion*, tradus din limba rusă de Victor E. Marsden, fost corespondent al *The Morning Post* în Rusia, Londra, 1934, p. 214. (Victor Marsden a fost responsabilul cu relațiile publice al Alteței Sale Regale Prințul de Wales în timpul turneului său prin Imperiu în 1920.)

[237] *Hitler's Table Talk*, adunate de M. Bormann, Ostera Publications, 2012, p. 311.

cametei”).[238]

Scopul acestei serii de conferințe era de a le oferi soldaților noțiuni de bază de politică și economie, care să le permită să supravegheze numeroasele mișcări politice revoluționare active la München în acea perioadă. Următoarele citate extrase din *Mein Kampf*[239] dezvăluie influența decisivă pe care Feder a exercitat-o asupra ideilor lui Adolf Hitler.

> „Pentru prima dată în viața mea, am auzit un discurs care trata principiile bursiere și capitalul utilizat în activitățile de creditare. După ce am ascultat prima conferință susținută de Feder, mi-a venit imediat ideea că tocmai găsisem una dintre condițiile preliminare cele mai elementare pentru crearea unui nou partid.
>
> „În ochii mei, meritul lui Feder se baza pe modul său incisiv și nemilos de a descrie caracterul dublu al capitalului bursier și al tranzacțiilor legate de împrumuturi, dezvăluind faptul că acest capital este încă și întotdeauna dependent de plata dobânzilor. În ceea ce privește chestiunile fundamentale, declarațiile sale erau atât de pline de bun simț, încât cei care îl criticau nu negau niciodată, *în fond*[240], că ideile sale erau sensate, dar se îndoiau că ar fi posibil să le pună în aplicare. Pentru mine, acest lucru mi se părea cel mai convingător element al învățăturilor lui Feder, deși ceilalți îl considerau o slăbiciune.”[241]

Și, de asemenea:

> „Am înțeles imediat că aceste precepte ascundeau o adevăr de o importanță transcendentală pentru viitorul poporului german. Separarea absolută a capitalului

---

[238] În 1917, Feder a înființat o organizație numită *Deutscher Kampfbund gegen Zinsknechtschaft* (Liga Germană de Luptă pentru Abolirea Servituții Usuraire). În 1919, el și-a publicat manifestul într-un capitol intitulat *An Alle, Alle! Das Manifest zur Brechung der Zinsknechtschaft* (Pentru toată lumea, către toată lumea! Manifestul pentru abolirea sclaviei dobânzilor) în cartea sa *Kampf gegen die Hochfinanz* (Lupta împotriva marelui capital).

[239] A. Hitler, *Mein Kampf*, 1939, p. 122.

[240] N.D.T.: în franceză în text.

[241] Ibid., p. 124.

bursier de viaţa economică a naţiunii ar permite să ne opunem procesului de internaţionalizare a comerţului german fără a ataca capitalul ca atare, deoarece acest lucru nu ar fi făcut decât să compromită fundamentele independenţei noastre naţionale. Am distins clar ceea ce se dezvolta în Germania şi mi-am dat seama atunci că lupta pe care trebuia să o ducem nu era împotriva naţiunilor inamice, ci împotriva capitalului internaţional. În discursul lui Feder, am găsit un strigăt de adunare pentru lupta care ne aştepta."[242]

Gottfried Feder (1883-1941), care a conceput întreaga politică financiară a NSDAP. Ulterior, a căzut în dizgraţia lui Hitler din cauza lipsei sale de sprijin pentru proiectul

[242] Ibid., p. 124.

acestuia de a utiliza combustibilul sintetic în locul cărbunelui.

Câteva săptămâni mai târziu, Hitler a primit instrucțiuni de la superiorii săi militari să investigheze o asociație politică numită *Deutsche Arbeiterpartei* (Partidul Muncitorilor Germani). La această reuniune publică, care a avut loc pe 19 septembrie 1919 la Sterneckerbrau Inn din München, erau prezente aproximativ 20-25 de persoane. Principalul vorbitor a fost Gottfried Feder. La scurt timp, Hitler s-a alăturat acestui partid și a primit un certificat de aderare provizoriu cu numărul șapte. Prima sa inițiativă după preluarea controlului asupra partidului a fost redenumirea acestuia în *Nationalsozialistische Deutsche Arbeiterpartei* (Partidul Național-Socialist al Muncitorilor Germani).

Feder, care a fost principalul redactor al celor 25 de principii fondatoare ale partidului, a devenit arhitectul și teoreticianul programului său. În iulie 1933, a fost numit subsecretar de stat pentru afaceri economice, iar în 1934 *Reichskommissar* (Comisar al Reichului).

Hiperinflația germană – Muncitori care își primesc salariile în coșuri de rufe în 1923.

Reforma monetară era esența național-socialismului, după cum relevă următoarele extrase din „ ” *(Programul NSDAP, Partidul Național-Socialist al Muncitorilor Germani și concepțiile sale generale)*[243], publicat la München în 1932.

Adolf Hitler a tipărit cele două obiective principale ale sale cu caractere mari:

„INTERESUL COMUN ÎNAINTEA INTERESULUI PROPRIU – SPIRITUL PROGRAMULUI ABOLIREA SERVITUȚII FAȚĂ DE DOBÂNZI – INIMA NAȚIONAL-SOCIALISMULUI.

„Odată ce aceste două principii vor fi puse în practică, ele vor demonstra caracterul victorios al conținutului lor universal, care ordonează societatea prin eliminarea separării actuale dintre stat, națiune și economie, sub influența corupătoare a teoriilor individualiste dominante. Astăzi domnește impostura. Clasele muncitoare sunt oprimate, câștigurile frauduloase ale bancherilor și speculatorilor sunt protejate, permițând o îmbogățire privată iresponsabilă, în detrimentul oricărei stabilități politice; al oricărei gândiri înalte în rândul poporului și în absența oricărei legături morale superioare și a oricărui sentiment de unitate. Puterea banilor, cea mai nemiloasă dintre toate puterile, deține controlul absolut și exercită o influență corupătoare și distructivă asupra statului, națiunii, societății, moralei, lumii culturale și asupra tuturor aspectelor legate de moravuri, mai greu de evaluat.[244]

„A rupe servitutea dobânzilor uzurărești este strigătul nostru de luptă.[245] Ce înțelegem prin sclavia cametei? Proprietarul de pământ se află sub acest jug, fiind nevoit să recurgă la împrumuturi pentru a-și finanța exploatația agricolă, împrumuturi cu o rată a dobânzii atât de ridicată, încât aceasta îi acaparează practic tot rodul muncii sale, sau fiind forțat să se îndatoreze și să care ipoteci ca pe

[243] G. Feder, *Programul NSDAP, Partidul Național-Socialist al Muncitorilor Germani și concepțiile sale generale*, München, 1932, p. 51.
[244] Ibid., p. 21.
[245] Ibid., p. 25.

niște lesă invizibile. La fel se întâmplă și cu muncitorul, care produce în magazine și fabrici pentru o mizerie, în timp ce acționarul încasează dividende și bonusuri pentru care nu a trebuit să muncească. Așa este și clasa de mijloc, al cărei produs al muncii servește aproape în întregime la plata dobânzilor la descoperirile bancare.[246]

„Jugul dobânzilor este adevărata expresie a antagonismelor: capital/muncă, sânge/bani, muncă creativă/exploatare. Necesitatea de a rupe acest jug este de o asemenea importanță pentru națiunea și rasa noastră, încât pe ea se bazează singura speranță a națiunii de a se elibera de rușine și sclavie; de fapt, speranța de a regăsi fericirea, prosperitatea și civilizația în întreaga lume. Este vorba despre pivotul în jurul căruia se învârte totul; este vorba de mult mai mult decât de simpla necesitate care decurge dintr-o politică financiară. Deși principiile și consecințele sale sunt profund implicate în viața economică și politică, este o chestiune primordială pentru orice studiu economic, și astfel afectează fiecare individ și cere, prin urmare, o decizie din partea fiecăruia dintre ei: să servească națiunea sau să se îmbogățească fără limite. Ea reprezintă o soluție la Problema Socială.[247]

Principiul nostru financiar: finanțele trebuie să servească interesului statului; magnații financiari nu trebuie să formeze un stat în stat. De aici provine scopul nostru de a rupe lanțurile cametei.

Să eliberăm statul, și astfel întreaga națiune, de datoriile sale față de marile case financiare, care împrumută cu dobândă.

Naționalizarea Reichsbank și a băncilor de emisiune care acordă împrumuturi cu dobândă.

Furnizarea banilor necesari pentru marile proiecte publice (energia hidraulică, căile ferate etc.), nu prin împrumuturi, ci prin emiterea de bonuri de trezorerie fără

---

[246] Ibid., p. 26.
[247] Ibid., p. 27.

dobândă și fără utilizarea de numerar.

Introducerea unui etalon monetar fix pe o bază stabilă.

Crearea unei bănci naționale de afaceri (reformă monetară) pentru acordarea de împrumuturi fără dobândă.

O reformă fundamentală a sistemului fiscal pe baza principiilor socio-economice. Eliberarea consumatorului de povara impozitării indirecte și a producătorului de fiscalitatea paralizantă și confiscatorie (reformă și scutire fiscală).[248]

Tipărirea iresponsabilă de bancnote, fără crearea de valoare adăugată nouă, duce la inflație. Cu toții o suferim. Dar concluzia corectă este că emisiunea de obligațiuni de stat fără dobândă de către stat nu poate genera inflație, dacă, în același timp, se creează valoare adăugată nouă.

Faptul că astăzi marile întreprinderi nu se pot redresa fără a recurge la împrumuturi este o pură nebunie. Aici utilizarea rezonabilă a dreptului suveran de a bate monedă poate produce cele mai benefice rezultate."[249]

La 30 ianuarie 1933, naționali-socialiștii au fost propulsați la putere[250] prin intermediul unei coaliții între *Regierung der Nationalen Konzentration* (Guvernul Concentrării Naționale) și *Deutschnationale Volkspartei* (Partidul Național- ist al Poporului German). A fost pusă în aplicare o versiune destul de edulcorată a reformei monetare. Pentru a finanța lucrările statului și programele de reînarmare, au fost înființate două societăți fictive numite *Gesellschaft für Offentliche Arbeiten* (Offa) și *Metallforschung Gesellschaft* (Mefo). Aceste corporații acceptau scrisori de credit din partea furnizorilor care onorau comenzile statului. Aceste scrisori de credit erau

[248] Ibid., p. 30.

[249] Ibid., p. 43.

[250] La alegerile din 6 noiembrie 1932, naționali-socialiștii au obținut 11.737.398 de voturi, adică 33,1%. La alegerile din 5 martie 1933, voturile primite de NSDAP au crescut la 17.277.180, adică 43,9% din votul popular. La alegerile din 12 noiembrie 1933, care s-au desfășurat sub forma unui referendum, NSDAP a obținut 39.655.224 de voturi, adică 92,1% din totalul voturilor, la o rată de participare de 95,3%.

apoi actualizate la Reichsbank la o rată de 4%. Ele erau emise doar pentru o perioadă de trei luni, ceea ce era clar nesatisfăcător având în vedere natura pe termen lung a diverselor proiecte pe care le finanțau. Ele puteau, totuși, fi prelungite în trei intervale lunare pentru o durată de până la cinci ani.

În ianuarie 1939, situația s-a agravat când președintele Reichsbank, Hjalmar Schacht, a refuzat să prelungească Offa și Mefo în valoare de trei miliarde, temându-se astfel să provoace „inflație". La 7 ianuarie 1939, Schacht i-a trimis lui Hitler un memorandum semnat de el și de ceilalți opt membri ai consiliului de administrație al Reichsbank, care conținea următoarele puncte principale:

1) Reichul trebuie să cheltuiască doar suma acoperită de impozite.
2) Controlul financiar integral trebuie restituit Ministerului Finanțelor. (Atunci obligat să plătească toate cheltuielile militare).
3) Controlul prețurilor și al salariilor trebuie să devină efectiv. Actuala proastă gestionare trebuie să înceteze.
4) Utilizarea pieței monetare și a investițiilor trebuie să rămână prerogativa exclusivă a Reichsbank. (Aceasta însemna eliminarea practică a Planului Cvadrienal al lui Göring.)[251]

Schacht își încheie memorandumul cu cuvinte ambigue: „Am fi bucuroși să colaborăm cât mai bine cu e obiectivele viitoare, dar acum a sosit momentul să ne oprim."[252]

Prin recurgerea la aceste mijloace, intenția lui Schacht era de a provoca prăbușirea economiei germane,[253] care, în perioada

---

[251] E. N. Peterson, *Hjalmar Schacht: for and against Hitler: A political-economic study of Germany, 1923-1945*, The Christopher Publishing House, Boston, 1954, p. 179.
[252] J. Weitz, *Hitler's Banker Hjalmar Horace Greely Schacht*, Little, Brown and Company, Londra, 1999, p. 17.
[253] Ibid., p. 343. Un indiciu care arată față de cine era îndreptată de fapt loialitatea lui

1933-1939, își crescuse produsul intern brut cu 100%. Dintr-o națiune ruinată în ianuarie 1933, cu 7.500.000 de șomeri,[254] Hitler transformase Germania într-un paradis socialist modern. El era pe bună dreptate furios și a respins recomandările Reichsbank, calificându-le drept „revoltă".[255] Două săptămâni mai târziu, Schacht a fost concediat. Roger Elletson descrie acest moment memorabil: „Pe 19 ianuarie 1939, Schacht a fost concediat fără preaviz, iar Reichsbank a primit ordinul de a acorda Reich-ului toate creditele solicitate de Hitler. Această acțiune decisivă a neutralizat dintr-o dată controlul Reichsbank asupra politicii monetare naționale și baza puterii evreiești internaționale în Germania. Bancherilor evrei tocmai li se retrăsese puterea de a devaloriza și distruge economia germană.

În afară de implicațiile dobânzilor plătite pentru Mefo, Germania se putea considera acum funcționând în întregime sub „sistemul Feder", mai degrabă decât sub „sistemul Schacht". Reichsbank a devenit o armă eficientă a guvernului, singura schimbare fiind că biletele la ordin erau acum monetizate sau rambursate sub auspiciile statului, mai degrabă decât de către un lacheu evreu care ocupa președinția Reichsbank.[256] Astfel, în ianuarie 1939, Reichsbank a devenit o adevărată bancă de stat. Demisia lui Schacht a pus, de asemenea, capăt transferului de informații confidențiale privind toate evoluțiile economice ale Germaniei,[257] care

---

Schacht a fost dezvăluit la înmormântarea sa, la câteva zile după moartea sa la vârsta de 93 de ani, pe 4 iunie 1970. Una dintre coroanele de pe sicriul său conținea o carte poștală pe care scria: „Către tovarășul din vremuri grele – Fundația 20 iulie". Membrii acestei organizații încercaseră fără succes să-l asasineze pe Hitler, la 20 iulie 1944.

[254] Din cele 7.500.000 de persoane fără loc de muncă, 5.575.492 erau înregistrate ca șomeri, în timp ce alte 4.000.000 erau angajate cu jumătate de normă. *Statistical Year-Book of the League of Nations*, 1940, Geneva, p. 70. A se vedea și B. R. Mitchell, International Historical Studies, Europe 1750-1993, ediția a patra.

[255] D. Marsh, *The Bundesbank: The Bank That Rules Europe*, William Heinemann Ltd, Londra, 1992, p. 119.

[256] R. E. Elletson, *Monetary Parapometrics: A Case Study of the Third Reich*, Christian International Publications, Wilson, Wyoming, 1982, p. 57.

[257] D. Irving, *The War Path: Hitler's Germany 1933-1939*, Macmillan, Londra, 1978, p. 172. Notă: „Montagu Norman, guvernatorul Băncii Angliei, i-a declarat ambasadorului american Joseph Kennedy că Schacht fusese informatorul său permanent timp de 16 ani, în ceea ce privește condițiile financiare precare ale Germaniei (ambasadorul Joseph Kennedy a raportat acest lucru la Washington, la 27 februarie 1939). În 1946, Norman a

fuseseră furnizate fără întrerupere lui Montagu Norman,[258] un frate mason și guvernator al Băncii Angliei (1920-1944).

O nouă lege privind Reichsbank, promulgată la 15 iunie 1939, a făcut ca banca **să fie „subordonată necondiționat suveranității statului".**[259]

Articolul 3 stipula că banca, redenumită *Deutsche Reichsbank,* trebuia să fie „condusă și administrată conform instrucțiunilor și sub supravegherea Führerului și a Cancelarului Reichului. "[260] Hitler era acum propriul său bancher, dar, după ce s-a distanțat de escrocii și cămătarii internaționali, a trebuit, la fel ca Napoleon Bonaparte, care în 1800 înființase Banca Franței ca bancă de stat, să sufere aceeași soartă; a urmat un război inutil care a dus la ruina poporului și a țării sale. Acest eveniment a declanșat cel de-al Doilea Război Mondial – familia Rothschild realizând că reproducerea la scară universală a sistemului bancar de stat fără camătă al Germaniei le-ar distruge pentru totdeauna imperiul financiar malefic. Pentru a le acorda polonezilor mână liberă, ceea ce urma să le permită să se opună și să-i provoace pe germani, Marea Britanie a făcut o ofertă înșelătoare și fără valoare[261] pentru a

încercat să intervină în favoarea lui Schacht la Nuremberg prin intermediul unui frate mason britanic din echipa procurorului, Harry Phillimore (Schacht era și el francmason). Echipa americană a respins categoric demersurile lui Phillimore, dar judecătorul englez Birkett a pronunțat achitarea. » A se vedea și D. Irving, *Nuremberg The Last Battle*, Focal publishers, Londra, 1996, p. 271-272. Montagu Norman era, de asemenea, nașul celui mai tânăr strănepot al lui Schacht, Norman. A se vedea vizita domnului Norman la Berlin, *The Glasgow Herald,* 5 ianuarie 1939, cu două zile înainte ca Schacht să-i trimită lui Hitler memorandumul său insolent.

[258] Montagu Norman era o personalitate ascunsă, care adopta un stil de deplasare de tip cape și sabie, și a fost chiar văzut odată ieșind din trapa de încărcare a unui cargobot. Pe lângă utilizarea pseudonimului deja menționat, de profesor Skinner, el își folosea ocazional al doilea prenume, Collet, ca nume de familie.

[259] D. Marsh, op. cit., p. 128.

[260] Ibid., nota 40, p. 300.

[261] Era vorba de un cec în alb care avea toate șansele să fie respins, deoarece Anglia era pregătită să vină în ajutorul Poloniei doar în cazul unei invazii germane în Polonia sau al unei invazii poloneze în Germania, dar în niciun caz dacă era vorba de Uniunea Sovietică. Polonezii nu erau conștienți de această eventualitate. Sovieticii au ajuns să anexeze, de departe, cea mai mare parte a Poloniei, și anume 77.300 de mile pătrate, în comparație cu cele 49.800 de mile pătrate restituite Germaniei. Secretarul de stat Ernst von Weizsäcker, citat de D. L. Hoggan, *The Forced War: When Peaceful Revision Failed,* Institute for Historical Review, Costa Mesa, California, 1989, p. 391, care descrie cu dispreț faptul că „Garanția britanică acordată Poloniei era similară cu a da zahăr unui copil mic lăsat de capul lui!"

garanta suveranitatea Poloniei, la 31 martie 1939.

„Wilhelm Gustloff" (24.484 tone brute), botezat după numele liderului național-socialiștilor elvețieni. În cadrul programului *Kraft durch Freude* (efortul prin bucurie), muncitorii germani care câștigau mai puțin de 300 RM pe lună își puteau permite să se îmbarce în croaziere către destinații exotice. Cu toate acestea, acestor nave de croazieră li s-a interzis intrarea în porturile britanice din teama de a genera tulburări și invidie în rândul muncitorilor britanici săraci și șomeri.

Interiorul navei „Wilhelm Gustloff"

În septembrie 1939, **Reichsautobahn** avea o lungime de 3.862 km. Ea nu a fost concepută din punct de vedere estetic pentru a servi unui scop utilitar, ci pentru a oferi şoferului o privelişte impresionantă asupra peisajelor.

În următoarele cinci luni, guvernul polonez a intensificat treptat opresiunea, hărţuirea şi atacurile asupra populaţiei germane de 1,5 milioane de persoane care trăiau în Polonia. Aceste atacuri,[262] în cursul cărora 58.000 de civili germani d -uri au fost ucişi de polonezi în accese sporadice de sălbăticie, au culminat cu masacrul de la Bromberg, din 3 septembrie 1939, care a făcut 5.500 de victime. Iniţial, aceste provocări şi atrocităţi au fost ignorate stoic. În cele din urmă, Hitler a fost obligat să recurgă la o intervenţie militară pentru a-i proteja pe germanii din Polonia. La 30 august 1939, printr-un gest demn de un om de stat, Hitler a formulat din nou guvernului polonez propunerile de la Marienwerder.[263]

Cele patru propuneri principale erau următoarele:

(i) Menţinerea frontierelor existente, astfel cum au fost stabilite prin Tratatul de la Versailles.

[262] D. L. Hoggan, op. cit., cap. 16, *Germanii terorizaţi din Polonia*, p. 388-390, şi revoltele din Łódź, p. 391-392. Hoggan declară, de asemenea, că: „... nu exista nicio îndoială în rândul persoanelor bine informate din acea perioadă [1939] că germanilor din Polonia li se infligeau zilnic atrocităţi îngrozitoare”, p. 554.

[263] *„Das Letze Angebot in Verheimlichte Dokumente – Was den Deutschen verschwiegen wird*” (Ultima propunere în documente secrete – ceea ce li se ascunde germanilor), Fz-Verlag, München, 1993, pp. 172-174. Aceasta conţine integral cele 16 puncte.

(ii) Întoarcerea în Germania a populației din Danzig (370.000 de persoane), formată în proporție de 97% din germani.

(iii) Construirea unei autostrăzi de 96 km și a unei linii de cale ferată care să lege Prusia de Vest și Prusia de Est, de la Schönlanke la Marienwerder.

(iv) Un schimb de populație între germani și polonezi.

La ordinul bancherilor internaționali, secretarul britanic de externe, Lord Halifax, a recomandat cu tărie guvernului polonez să nu negocieze.[264] Așa a fost declanșat cel de-al Doilea Război Mondial, ceea ce demolează mitul vinovăției germane. Începând cu 1939, deși Germania a formulat cel puțin 28 de încercări cunoscute de pace necondiționată, toate au fost refuzate. Războiul forțat care a urmat s-a soldat cu victoria finanțiștilor internaționali și cu înfrângerea și aservirea popoarelor Europei și, de fapt, a întregii lumi. În Europa, această aservire a fost în cele din urmă desăvârșită odată cu crearea Băncii Centrale Europene controlate de Rothschild, la 1 iunie 1998, și introducerea monedei *euro*, la 1 ianuarie 1999.

REALIZĂRILE SISTEMULUI BANCAR DE STAT GERMAN

Unul dintre primele beneficii pe care sistemul bancar de stat și reforma monetară le-au adus poporului german a fost asigurarea de locuințe adecvate. În perioada 1933-1937, au fost construite 1.458.178 de case noi, care respectau cele mai avansate standarde ale vremii.[265] Fiecare casă nu trebuia să aibă mai mult de două etaje și trebuia să aibă o grădină. Construcția de apartamente a fost descurajată, iar chiriile nu aveau voie să depășească 25 RM pe lună, adică 1/8 din venitul mediu al unui muncitor. Angajații cu salarii mai mari plăteau maximum 45 RM pe lună.

[264] D. H. Hoggan, op. cit., p. 565-569.

[265] Între 1932 și 1938, indicele construcțiilor finalizate a crescut cu 163,2%, trecând de la 38 la 100.

Tinerelor cupluri li se acordau împrumuturi fără dobândă de până la 1.000 RM (echivalentul a cinci luni de salariu), cunoscute sub numele de *Ehestanddarlehen* (credite matrimoniale). Creditul era rambursabil cu 1% pe lună, dar pentru fiecare copil născut, 25% din suma împrumutului era anulată. Astfel, dacă o familie avea patru copii, creditul era considerat rambursat integral. Acelaşi principiu se aplica creditelor imobiliare, care erau acordate pe o durată de zece ani la o rată a dobânzii foarte scăzută. Naşterea fiecărui copil ducea, de asemenea, la anularea a 25% din împrumut.[266] Învăţământul şcolar, liceele tehnice şi universităţile erau gratuite, în timp ce un sistem universal de sănătate oferea îngrijiri medicale gratuite tuturor.[267]

Maşina poporului – **Adolf Hitler** vizitează fabrica „Volkswagen" din Wolfsburg, 1938. Numele propus pentru noua localitate a fost Hitlerstadt, dar Hitler a obiectat că prefera să adopte pseudonimul său, Wolf, în locul acestuia.

În perioada 1933-1937, importurile au crescut cu 31%, de la 4,2 miliarde RM la 5,5 miliarde RM, în timp ce exporturile, în special către sud-estul Europei, au crescut cu 20,4%, de la 4,9 miliarde RM la 5,9 miliarde RM. Această creştere a

[266] S. M. Goodson, *Illustrated Guide to Adolf Hitler & The Third Reich*, Washington D.C., The Barnes Review, 2009, p. 15.

[267] Sistemul era finanţat printr-o contribuţie modestă reţinută din salariile muncitorilor şi vărsată la *Allgemeine Ortskrankenkasse* (Fondul Local General pentru Sănătate).

schimburilor comerciale este ilustrată de creşterea cu 76,9% a navigaţiei interioare, care a trecut de la 73,5 la 130 de milioane de tone transportate, şi de creşterea cu 69,4% a navigaţiei oceanice, care a trecut de la 36 la 61 de milioane de tone transportate. Pe tot parcursul acestei perioade, comerţul a fost îmbunătăţit considerabil prin barter, ocolind sistemul de plăţi internaţionale şi cerinţa de a achita comisioane şi dobânzi la cambii. La sfârşitul anilor '30, 50% din întregul comerţ exterior se desfăşura prin tranzacţii bazate pe barter. În aceeaşi perioadă, cheltuielile dedicate infrastructurii rutiere şi, în special, Reichsautobahn, din care 3.862 km au fost finalizaţi în septembrie 1939, au înregistrat o creştere de 229,5%, de la 440 milioane RM la 1,45 miliarde RM. Construirea acestei autostrăzi gigantice, pe lângă semnificaţia sa simbolică, era necesară pentru a face faţă numărului tot mai mare de vehicule, care a crescut cu 425%, trecând de la 41.000 la 216.000 de înmatriculări, şi pentru a face faţă creşterii şi mai spectaculoase, de 622%, a autoturismelor, care au trecut de la 7.000 la 50.600.

Între 1932 şi 1938, producţia de minereu de fier a crescut cu 45,4%, de la 843.000 la 1.226.000 de tone. Minereul german conţinea doar 25% fier, spre deosebire de conţinutul superior de fier al minereului suedez, pe care Germania nu avea mijloacele să îl achiziţioneze. Această dificultate a fost depăşită datorită procesului Krupp-Renn, care producea oţel de înaltă calitate. Între 1932 şi 1939, indicele producţiei de cărbune a crescut cu 85,5%, de la 69 la 128, în timp ce indicele energetic a crescut în aceeaşi perioadă cu 76%, de la 75 la 132.[268]

Această activitate economică în creştere constantă a avut ca rezultat reducerea ratei şomajului, care ajunsese la 30,1% în 1933, la aproape zero în iulie 1939,[269] astfel încât lucrătorii pensionaţi au trebuit să fie din nou încurajaţi să reia activitatea pentru a acoperi lipsa de forţă de muncă. În contrast, rata şomajului din Statele Unite, care ajunsese la 25,1% în 1933,

[268] *Statistical Year-Book of the League of Nations*, op. cit., p. 169. Indicii de producţie au fost furnizaţi de *Konjunkturforschung*, pe baza anului 1928.
[269] În iulie 1939, 38.379 de persoane erau înregistrate ca şomeri.

scăzuse, potrivit National Industrial Conference Board, doar marginal, ajungând la 19,8% în ianuarie 1940;[270] o situație care trebuie atribuită politicii iraționale, dar totuși deliberate, a Rezervei Federale controlate de Rothschild și sectorului bancar privat parazitar.

Venitul național al Germaniei a crescut cu 43,8%, de la 45,2 miliarde RM la 65 miliarde RM, între 1932 și 1937, în timp ce între 1932 și iunie 1939, indicele de producție a bunurilor a crescut cu 219,6%, de la 46 la 147;[271] cu toate acestea, costul vieții a crescut cu doar 4%, adică mai puțin de 1% pe an, o rată care s-a menținut pe parcursul celor 12 ani de existență a sistemului bancar de stat sub național-socialism. Politica monetară germană „era de tip neinflaționist datorită cheltuielilor guvernamentale, care sporeau cererea de muncă, ceea ce, la rândul său, putea provoca o creștere tot mai mare a cantității de bunuri disponibile".[272]

În 1939, Germania devenise cea mai puternică țară din istoria Europei. Produsul său intern brut înregistra o creștere de 11% pe an și se dublase în cei șase ani de existență a sistemului bancar de stat. Germanii erau acum cel mai fericit și prosper popor din lume, bucurându-se de ocuparea deplină a forței de muncă și beneficiind de cel mai ridicat nivel de trai. Acest succes a fost realizat prin zelul poporului german și datorită sprijinului unui sistem monetar onest, care nu se baza pe camătă sau pe etalonul aur.

Unul dintre miturile propagate de istoricii oficiali este că renașterea economică germană s-a bazat pe producția de armament. Tabelul următor relevă nivelul modest al cheltuielilor militare, care au început să crească abia în 1938/1939, când Germania a început să se simtă amenințată de vecinii săi.

Ani	Cheltuieli militare RM	Venitul național
1933/34	1,9 miliarde	4%

[270] *Anuarul statistic al Ligii Națiunilor*, op. cit., p. 70.
[271] Ibid., p. 169.
[272] R.E. Elletson, op. cit., p. 60.

1934/35	1,9 miliarde	4%
1935/36	4 miliarde	7%
1936/37	5,8 miliarde	9%
1937/38	8,2 miliarde	11%
1938/39	18,4 miliarde	22

Sursa: Deutsche Reichsbank

Chiar și o cheltuială de 22% din venitul național pentru apărare, chiar înainte de începerea celui de-al Doilea Război Mondial, poate fi considerată ca nefiind prea excesivă, dacă ținem cont de faptul că granițele Germaniei au puține bariere naturale și că, la acea vreme, era înconjurată de vecini ostili: U a Cehoslovacia, Franța și Polonia. Germania a trebuit, de asemenea, să-și reconstituie armamentul pe care i se interzisese să-l dețină în conformitate cu termenii Tratatului de la Versailles. Istoricul englez A. J. P. Taylor scrie: „Starea armamentului german în 1939 oferă dovada decisivă că Hitler nu prevăzuse un război general și probabil că nu intenționa deloc să intre în război."[273]

EVOLUȚIILE DIN PERIOADA POSTBELICĂ

În mai 1945, *Deutsche Reichsbank* și-a încetat activitatea, deși activitățile sale nu s-au încheiat cu adevărat decât în 1961. Ea a fost succedată în jumătatea de vest a țării de *Bank deutscher Länder* (Banca Statelor Germane), la[1]mai 1948. Această bancă a introdus marca germană la 21 iunie 1948 și a devenit mai târziu cunoscută sub numele de *Deutsche Bundesbank*, care a fost înființată la 26 iulie 1957. Deși era independentă din punct de vedere legal și modelată după Rezerva Federală americană, Bundestagul, sau parlamentul federal, exercita un control și o influență considerabile asupra politicii sale, astfel încât nu era la fel de independentă pe atunci precum sunt majoritatea băncilor centrale de astăzi.

Din 2001, în calitate de membru al Băncii Centrale Europene, *Deutsche Bundesbank* și-a delegat cea mai mare parte a

[273] A.J.P. Taylor, *The Origins of the Second World War*, Hamish Hamilton, Londra, 1961, 218.

autorității către această organizație. Responsabilitățile sale rămase, care sunt împărțite cu BCE, sunt emisiunea de bancnote, gestionarea camerei de compensare, supravegherea și gestionarea rezervelor valutare. Obiectivul principal al BCE, astfel cum este definit la articolul 127 alineatul (1) din Tratatul privind funcționarea Uniunii Europene, este menținerea stabilității prețurilor. Această obsesie este în mare măsură responsabilă de nivelul record al șomajului și de rata scăzută de creștere a PIB-ului cu care ne confruntăm, precum și de scăderea ratei natalității.

BCE a fost înființată la 1 ianuarie 1998 și a devenit oficial o instituție operațională la 1 ianuarie 1999, odată cu introducerea monedei unice, euro. Această bancă controlată de Rothschild este situată, în mod ironic, la numărul 29 de pe Kaiserstrasse, în Frankfurt pe Main, nu departe de *Judengasse* (strada evreilor), unde Mayer Amschel Rothschild și fratele său Kalman au înființat un magazin de schimb valutar de monede și medalii în anii 1780. Pentru cele 18 țări care au adoptat în mod stupid euro și s-au alăturat BCE, subjugarea și aservirea lor sunt un *fapt împlinit*[274].

ITALIA FASCISTĂ

La 28 octombrie 1922, Benito Mussolini și Partidul său Național Fascist au ajuns la putere. Fascismul ar trebui calificat mai precis drept corporatism, deoarece simbolizează o fuziune între stat și puterea corporatistă. În 1936, Camera Deputaților a fost înlocuită de un Consiliu Național al Corporațiilor, format din 823 de reprezentanți ai industriei, ai salariaților și ai provinciilor, care dirijau producția industrială și soluționau conflictele de muncă.

În anii 1920, prin intermediul cheltuielilor publice, a fost demarat un program de lucrări publice de o amploare fără egal în Europa modernă a acelei epoci. Au fost construite poduri, canale, autostrăzi de 4.000 km, spitale, școli, gări și orfelinate.

[274] N.D.T.: în franceză în text

Au fost plantate păduri și au fost dotate universități.[275] Mlaștinile Pontine au fost asecate și s-au recuperat 802 $^{km^2 \text{ de teren}}$.[276] Agricultura a fost subvenționată și reglementată printr-un program de autosuficiență națională sau autarhie.

BANCA NAȚIONALĂ A ITALIEI

În 1926, Mussolini a intervenit pentru prima dată în sectorul bancar, acordând Băncii Italiei prerogativa de a emite bancnote și de a gestiona rezervele minime ale băncii, inclusiv stocurile de aur. Utilizarea fascismului italian „în principal pentru a crea un stat autarhic, care să nu fie supus capriciilor comerțului și finanțelor mondiale",[277] constituia esența politicii sale. În 1927, Italiei i s-a acordat un împrumut de 100 de milioane de dolari de către JP Morgan, pentru a face față unei situații de urgență. Ulterior, Mussolini a refuzat să „negocieze sau să accepte alte împrumuturi din străinătate", deoarece „era hotărât să mențină Italia liberă de orice servitute financiară față de interesele bancare străine".[278]

Benito Mussolini inspectează progresul lucrărilor de asanare a mlaștinilor din Pontine – una dintre realizările sale inginerești care a transformat această regiune, odinioară afectată de malarie, într-o zonă cu o producție agricolă abundentă.

---

[275] R.G. Price, *Fascism Part 1: Understanding Fascism and Anti-Semitism*, 23 octombrie 2003
www.rational/revolution.ne/articles/understandingfascism.htm
[276] Astăzi, 520.000 de persoane trăiesc în această regiune care înainte era pustie.
[277] K. Bolton, *The Banking Swindle Money Creation and the State*, Black House Publishing Ltd, Londra, 2013, 118.
[278] L. Villari, *Politica externă italiană sub Mussolini*, Holborn Publishing Company, Londra, 1959, p. 59.

În 1931, statul şi-a asumat dreptul de a supraveghea toate băncile importante prin intermediul *Instituto Mobiliare Italiano* (Institutul Italian al Valorilor Mobiliare). În 1936, acest proces a fost finalizat când, prin intermediul *Atto Reforma Bancaria* (Legea de reformă bancară), Banca Italiei şi toate băncile principale au devenit instituţii de stat.[279]

Banca Italiei era acum o bancă de stat cu drepturi depline, fiind singura care deţinea dreptul de a crea credit din nimic şi de a-l distribui altor bănci pentru o sumă modică. Limitele împrumuturilor de stat au fost eliminate (aşa cum a fost cazul cu Banca Japoniei, vezi mai jos) şi Italia a renunţat la etalonul aur.

BANCA DE STAT A JAPONIEI

Banca Japoniei sau 日本銀行 *Nippon Ginkō* a fost fondată la 10 octombrie 1882. Deşi casa imperială japoneză era acţionarul său principal, aceasta funcţiona ca o bancă centrală tipică, adică în beneficiul băncilor private şi în detrimentul interesului general.

În 1929, C. H. Douglas, al cărui sistem de credit social a fost deja prezentat, a susţinut o serie de conferinţe în Japonia. Propunerile sale de a permite guvernului să creeze moneda şi creditul naţiunii fără dobândă au fost primite cu entuziasm de către liderii guvernului japonez şi ai lumii industriale. Toate cărţile şi broşurile lui Douglas au fost traduse în japoneză, iar în această ţară s-au vândut mai multe exemplare decât în restul lumii.[280]

Reorganizarea Băncii Japoniei într-o bancă de stat administrată exclusiv în interesul naţional a început în 1932. Reforma băncii a fost finalizată în 1942, când Legea privind Banca Japoniei a fost remodelată după modelul legislaţiei

[279] A. J. de Grund, *Fascist Italy and Nazi Germany: The 'Fascist' Style of Rule*, George Routledge & Sons Ltd, Londra, 2004, p. 52.
[280] „New Economics", 19 ianuarie 1934, p. 8, citat de D.J. Amos, *The Story of the Commonwealth Bank*, Veritas Publishing Company, Bullsbrook, Australia de Vest, 1986, p. 44.

Reichsbank-ului german din 1939.[281] Banca funcţiona după cum urmează:

> „Se înţelege că Banca este o corporaţie specială cu o structură puternic naţională. Banca trebuie să îşi asume sarcina de a controla moneda şi finanţele, precum şi de a susţine şi promova sistemul de credit în conformitate cu politica statului, pentru a asigura utilizarea deplină a potenţialului naţiunii. Pe de altă parte, ea trebuie **să fie «administrată având ca unic principiu director îndeplinirea obiectivelor naţionale»** (articolul 2). În ceea ce priveşte funcţiile Băncii, legea a abolit vechiul principiu al priorităţii finanţelor comerciale, oferindu-i aceasta libertate deplină pentru a supraveghea finanţarea industrială. Legea a autorizat, de asemenea, Banca să acorde guvernului avansuri nelimitate fără contrapartidă şi să subscrie, absorbind în acelaşi timp, titlurile de stat. În ceea ce priveşte emisiunea monetară, legea a transformat sistemul de emisiune maximă într-unul permanent, astfel încât Banca putea emite după bunul plac pentru a satisface nevoile industriei de apărare şi ale guvernului. Pe de altă parte, supravegherea Băncii de către guvern a fost semnificativ consolidată. Guvernul putea numi şi da ordine preşedinţilor şi directorilor; o clauză acorda guvernului puteri extinse de a da aşa-numite „ordine funcţionale" băncii, pentru a o determina să aplice măsurile considerate necesare îndeplinirii obiectivelor Băncii. În plus, legea supunea o mare parte din afacerile financiare ale băncii aprobării guvernului, inclusiv în domenii precum modificarea ratelor dobânzilor, emisiunea de bancnote şi supravegherea conturilor."[282]

Japonia se confruntase cu aceleaşi dificultăţi traumatizante

---

[281] www.veteranstoday.com/2011/06/26was-world-war-ii-fought-to-make-theworld-safe-for-usury şi S. M. Goodson, Adevăratul motiv al atacului japonez asupra Pearl Harbor, *The Barnes Review*, Washington D.C., Vol. XIV, Nr. 6, noiembrie/decembrie 2008, p. 41-45.

[282] *Money and Banking in Japan*, Departamentul de Cercetare Economică al Băncii Japoniei, tradus de S. Nishimura, editat de L.S. Pressnell, Macmillan, Londra, 1973, p. 38.

cauzate de Marea Depresiune artificială. Cu toate acestea, conversia ă a unei bănci centrale private la metodologia unui organism de stat a produs rezultate care au fost atât convingătoare, cât şi durabile.

INDICI ECONOMICI AI JAPONIEI 1931-1941

	Produse manufacturate	Toate industriile	Venitul național	PIB
1931	19,1	19,7	10,5	12,5
1932	20,2	20,8	11,3	13,0
1933	24,7	25,3	12,4	14,3
1934	26,4	27,0	13,1	15,7
1935	27,9	28,7	14,4	16,7
1936	31,5	32,3	15,5	17,8
1937	37,2	37,7	18,6	23,4
1938	38,2	39,0	20,0	26,8
1939	42,4	43,0	25,4	33,1
1940	44,3	44,9	31,0	39,4
1941	45,8	46,5	35,8	44,9

Sursa: Departamentul de Statistică, Banca Japoniei

Acest tabel ilustrează îmbunătăţirea progresivă care a avut loc în economia japoneză, odată ce obstacolele reprezentate de camătă au fost eliminate. În perioada 1931-1941, producţia de bunuri manufacturate şi producţia industrială au crescut cu

140% şi, respectiv, 136%, în timp ce venitul naţional şi PIB-ul au înregistrat o creştere de 241% şi, respectiv, 259%. Aceste creşteri remarcabile au depăşit cu mult creşterea economică din restul lumii industrializate. Şomajul a scăzut de la 5,5% în 1930 la 3% în 1938. Conflictele industriale s-au diminuat odată cu scăderea numărului de greve, care a trecut de la 998 în 1931 la 159 în 1941.

Provocarea Japoniei pentru producătorii europeni de automobile – Micul Datsun era de vânzare la un preţ mai mic decât cele mai ieftine maşini din SUA sau din Regatul Unit. A fost comandat pentru testare în India, Cehoslovacia şi Marea Britanie. Prinţul Chichbe, fratele împăratului Hirohito, apare în fotografie aşezat la volanul vehiculului la Asociaţia Industrială a Japoniei din Yokohama, în decembrie 1934.

La sfârşitul anilor 1930, Japonia devenise puterea economică dominantă din Asia de Est, iar exporturile sale le depăşeau în mod constant pe cele ale Americii şi Angliei. În august 1940, Japonia a anunţat formarea unei Sfere de coprosperitate a Marii Asii de Est.[283] Temerile că aceste ţări ar putea adopta metodele bancare de stat ale Japoniei reprezentau o ameninţare atât de mare pentru Rezerva Federală deţinută de Rothschild, încât un război părea singura modalitate de a împiedica acest model virtuos să fie reprodus la o scară mai mare.

[283] Proiect conceput iniţial de generalul Hachiro Arita, care a ocupat funcţia de ministru al afacerilor externe între 1936 şi 1940. Această cooperare a fost anunţată oficial de ministrul afacerilor externe Matsuoka Yosuke, la[1]august 1940.

CUM A FOST JAPONIA TÂRÂTĂ ÎN CEL DE-AL DOILEA RĂZBOI MONDIAL

Începând cu iulie 1939, relațiile cu America s-au deteriorat rapid după ce SUA au abrogat unilateral Tratatul de Comerț din 1911, limitând astfel capacitatea Japoniei de a importa materii prime esențiale. Aceste măsuri au fost impuse în mod deschis din cauza războiului din China și au fost urmate, în iunie 1940, de un embargo asupra kerosenului și de o interdicție de a exporta minereu de fier și oțel către Japonia, în noiembrie 1940. La 25 iulie 1941, toate activele japoneze din Anglia, Olanda și America au fost înghețate, după ce Japonia, cu permisiunea Franței de la Vichy, a ocupat pașnic Indochina, pentru a bloca aprovizionarea Chinei din sud, iar orice comerț între Japonia și America a fost suspendat. În același timp, președintele Franklin D. Roosevelt a dispus închiderea Canalului Panama pentru toate navele japoneze și a fost instituit un embargo asupra cauciucului și petrolului, ceea ce a dus, în cazul petrolului, la pierderea a 88% din totalul aprovizionării. Fără petrol, Japonia nu putea supraviețui.

Generalul prim-ministru Hideki Tojo (octombrie 1941 – iulie 1944) explică în jurnalul său modul în care Statele Unite au împiedicat în mod continuu eforturile diplomatice ale Japoniei de a menține pacea. Relațiile comerciale pașnice ale Japoniei erau sabotate continuu de SUA, iar aceste obstacole reprezentau o mare amenințare pentru viitorul țării. Blocada economică a strâns treptat un laț în jurul gâtului Japoniei. Nu numai că Statele Unite, Anglia, China și Olanda înconjurau Japonia prin sancțiuni economice, dar forțele navale din regiunea Filipinelor, Singapore și Malaezia erau redislocate și întărite. Navele de război americane au fost zărite patrulând în apele teritoriale ale Japoniei. Un amiral american, a afirmat că flota japoneză putea fi scufundată în decurs de două săptămâni, în timp ce prim-ministrul britanic, Winston Churchill, a declarat că Anglia se va alătura Americii în 24 de ore.

Generalul Tojo scrie: „Japonia a încercat să ocolească aceste circumstanțe periculoase prin negocieri diplomatice și, deși Japonia a făcut numeroase concesii, una după alta, în speranța de a găsi o soluție printr-un compromis reciproc, nu s-a înregistrat niciun progres deoarece Statele Unite nu s-au abătut de la poziția lor inițială. În cele din urmă, Statele Unite au reiterat cereri pe care, în acest caz, Japonia nu le putea accepta: retragerea completă a trupelor din China, repudierea guvernului de la Nanking și retragerea din Pactul Tripartit."[284]

Japonia a făcut numeroase gesturi diplomatice, inclusiv propunerea unui summit pe 8 august 1941, dar toate au eșuat. La 2 decembrie 1941, Japonia fusese izolată de comerțul său exterior în proporție de 75% prin blocada Aliaților și s-a văzut astfel forțată să atace America pentru a încerca să-și mențină prosperitatea și să-și asigure existența ca națiune suverană. Presiunea constantă și lipsa de compromis a cămătarilor din New York au provocat în mod deliberat Japonia să ia măsuri de represalii.

EVOLUȚIILE DE DUPĂ RĂZBOI

În urma înfrângerii Japoniei, una dintre primele decizii ale forțelor de ocupație americane din Japonia, în septembrie 1945, a fost restructurarea sistemului bancar japonez, pentru a-l face compatibil cu standardul bancherilor internaționali, adică „ ", adică camăta. Finanțarea nelimitată a statului de către Banca Japoniei a fost abolită, iar marile conglomerate industriale, *Zaibatsu*, au fost desființate. Această politică a fost aplicată de Joseph Dodge, un bancher din Detroit, care era consilierul financiar al comandantului suprem al forțelor aliate, generalul Douglas MacArthur.

Ministerul Finanțelor a reușit, totuși, să păstreze un anumit control asupra sistemului bancar și, în special, asupra politicii monetare. În 1988, Japonia a fost puternic afectată de

[284] *The Journal for Historical Review*, vol. 12, nr. 1, primăvara 1992, Jurnalul de închisoare al lui Hideki Tojo, p. 41-42. Pactul Tripartit semnat la 27 septembrie 1940 era un acord cu o durată de zece ani între Germania, Italia și Japonia. Obiectivul său principal era menținerea noii ordini economice bazate pe un sistem bancar fără camăt și promovarea prosperității reciproce și a bunăstării popoarelor lor. Articolul 3 prevedea asistență politică, economică și militară în cazul în care una dintre cele trei puteri era atacată de o putere care nu era încă implicată în războiul din Europa sau în conflictul sino-japonez.

adoptarea măsurilor Basel I, care obligau Banca Japoniei să strângă capital minim pentru activele sale de risc, crescându-l de la 2% la 8%. Această decizie a provocat o recesiune care durează de 26 de ani.

În aprilie 1998, ministrul finanţelor a fost obligat prin lege să se supună Băncii Japoniei, o instituţie independentă. De atunci, Banca Japoniei a funcţionat ca o bancă centrală tipică sub controlul familiei Rothschild, exercitându-şi rareori prerogativele în interesul poporului japonez.

CAPITOLUL VII

FORMELE MODERNE ALE BĂNCII DE STAT

„Banca a fost concepută în nedreptate și s-a născut din păcat. Bancherii dețin pământul. Luați-le pământul, dar lăsați-le puterea de a crea bani și, dintr-o singură mișcare a peniței, vor crea destui pentru a-l răscumpăra în întregime. Cu toate acestea, luați-le această putere și toate marile averi, precum a mea, vor dispărea așa cum ar trebui să dispară, pentru că lumea în care am trăi atunci ar fi cu atât mai bună și mai fericită. Dar dacă doriți să rămâneți sclavii bancherilor și să plătiți costul propriei voastre servituți, atunci lăsați-i să continue să creeze bani."

- Sir Josiah Stamp,
fost director al
Băncii Angliei

BANCA DIN DAKOTA DE NORD[285]

În 1919, celor 48 de state ale Statelor Unite li s-a oferit oportunitatea de a-și înființa propria bancă de stat. Dakota de Nord a fost singurul stat care a acceptat această ofertă.

Dakota de Nord, a cărui capitală se numește Bismarck, are o populație de 684.000 de locuitori. Este situat în centrul Americii, lângă granița cu Canada. În ciuda iernilor foarte aspre, principala sa sursă de venit direct și indirect provine din agricultură. Se află pe primul loc în producția de grâu, în special grâu dur[286], orz, rapiță, in, ovăz și semințe de floarea-soarelui. Uleiul de șist obținut prin fracturarea bazinului Bakken și lignitul sunt principalele resurse miniere ale statului.

[285] http://banknd.nd.gov/

[286] O varietate de grâu mai dur, utilizat pentru prepararea spaghetelor și a altor tipuri de paste.

Banca de stat din Dakota de Nord a fost fondată de o coaliţie de fermieri în 1919.

Majoritatea statelor din Statele Unite sunt, din punct de vedere tehnic, insolvabile; cu excepţia Dakotei de Nord şi a vecinului său din vest, Montana, toate se confruntă cu deficite bugetare. Prin comparaţie, California, cel mai important stat din punct de vedere economic şi, în prezent, a douăsprezecea economie din lume, înregistra un deficit de 23 de miliarde de dolari în aprilie 2013 şi plăteşte 10,4 miliarde de dolari în dobânzi în fiecare an. În 2012, datoria sa obligatară se ridica la 167,9 miliarde de dolari. Spre deosebire de celelalte 49 de state, care se confruntă cu o rată a şomajului în continuă creştere, cea din Dakota de Nord a scăzut şi este în prezent cea mai mică din ţară, la 2,7%. Statul este, de asemenea, cel care are cea mai mică rată de faliment a întreprinderilor din Statele Unite.

În septembrie 2012, Dakota de Nord înregistra un excedent bugetar de 1,6 miliarde de dolari. Între 1997 şi 2010, PIB-ul său a crescut cu 93,4%, de la 16 miliarde de dolari la 31 de miliarde de dolari. În perioada 2000-2011, venitul individual pe cap de locuitor a crescut cu 127%, de la 20.155 dolari la 45.747 dolari, în timp ce creşterea la nivel naţional în aceeaşi perioadă a fost de doar 37,4%.

Secretul succesului său rezidă în banca sa de stat. Misiunea băncii este de a furniza servicii financiare care susţin agricultura, comerţul şi industria. Conform legii, statul trebuie să-şi depună toate fondurile la bancă, care îi plăteşte o rată a dobânzii competitivă.

Banca virează statului integralitatea profiturilor sale, care în 2011 s-au ridicat la 60 de milioane de dolari. Peste 460 de milioane de dolari au fost vărsați statului în ultimii 11 ani. Majoritatea fondurilor sale sunt utilizate pentru a compensa reducerile de impozite. Banca oferă, de asemenea, o piață secundară pentru împrumuturile imobiliare, garanții pentru noile întreprinderi și credite pentru fermieri la o rată a dobânzii de 1% pe an. Dakota de Nord nu a cunoscut o criză a creditelor sau o înghețare a creditelor, deoarece banca furnizează statului propriul credit. Prin stabilirea propriei suveranități economice, Dakota de Nord a devenit cel mai prosper și mai viabil stat din punct de vedere financiar din întreaga SUA.

Chiar dacă banca de stat nu rezolvă impasul financiar cu care se confruntă țara la nivel național, băncile de stat din SUA au potențialul de a oferi o ușurare considerabilă la nivelul guvernelor statelor, sub forma unor excedente bugetare, reduceri semnificative de impozite, scăderea șomajului și un nivel ridicat de prosperitate. În iunie 2014, 25 de state luau în considerare o legislație care să permită înființarea unei bănci de stat.[287]

STATELE DIN GUERNSEY

În 1815, când războaiele napoleoniene au luat sfârșit, Guernsey se afla într-o situație precară. Drumurile sale erau în stare proastă, digurile și economia se prăbușiseră. Insula nu putea să împrumute bani, deoarece nu putea colecta suficiente impozite pentru a plăti dobânzile necesare.

În 1816, pentru a finanța lucrările publice și o nouă piață, Comitetul Statelor din Guernsey a căutat o soluție nouă. Acesta a emis 6.000 de lire sub formă de bancnote „ ” de o liră, fără datorii și fără dobândă. În decurs de doi ani, toate lucrările au fost finalizate fără ca finanțarea acestora să fi crescut în

[287] http://publicbankinginstitute.org/

vreun fel datoria publică.[288]

A avut loc o altă emisiune de 5.000 de lire sterline, incluzând de data aceasta bancnote de cinci lire, pentru a reconstrui Elizabeth College, fondat de regina Elisabeta I în 1563, și școala parohială. În 1837, erau în circulație 55.000 de lire sterline. Insula a cunoscut o creștere a turismului și un nivel de prosperitate fără precedent.

Vechiul Piațet din St Peter Port a fost finanțat în 1816 prin emisiunea de 6.000 de lire sterline în bancnote fără datorii și fără dobândă.

În 1914, emisiunea de bancnote se ridica la 142.000 de lire sterline. În 1937, la 175.000 de lire sterline. Costul tipăririi acestor bancnote a fost de 450 de lire sterline, în comparație cu serviciul anual al dobânzilor, care ar fi trebuit să se ridice la 11.383 de lire sterline (6,5%). În 1958, erau în circulație 542.765 de lire sterline. În prezent, sunt în circulație 43,8 milioane de lire sterline.[289] Astăzi, Guernsey are o populație de 65.400 de locuitori, care se bucură de unul dintre cele mai ridicate niveluri de trai din lume. Impozitul pe venit în vigoare este de 20%, indiferent de proveniența acestuia, dar rămâne limitat la 220.000 de lire sterline pe an. Nu există impozit pe

[288] Grubiaks oferă un exemplu interesant al modului în care dobânda compusă poate subjuga o comunitate. În 1817, piața de fructe din Glasgow a fost finanțată printr-un împrumut cu dobândă de 60.000 de lire sterline. Acesta a fost rambursat abia 139 de ani mai târziu, în 1956. Rata dobânzii compuse între 1816 și 1910 nu este cunoscută, dar între 1910 și 1956 s-au plătit 267.886 de lire sterline.

[289] Departamentul Trezoreriei și Resurselor, Guernsey, 16 noiembrie 2012.

profit, cu excepția unei taxe de 10% aplicate anumitor activități bancare, niciun impozit pe capital, niciun impozit pe succesiune, niciun impozit pe proprietate, niciun TVA și niciun impozit pe transferurile de capital. Guernsey nu are datorii publice.

BANCA CENTRALĂ A LIBIEI

Din 1551 până în 1911, Libia a fost condusă de Imperiul Otoman, de Italia între 1911 și 1943 și s-a aflat între 1943 și 1951 sub dubla suzeranitate militară a Marii Britanii și a Franței. Banca Centrală a Libiei a fost fondată în 1956 și a funcționat ca o bancă centrală tipică până la *lovitura de stat* fără vărsare de sânge d[290], din[1]septembrie 1969.

În 1959 a fost descoperit un petrol de o calitate excepțională. Cu toate acestea, regele Idris al Mahdi as-Sanusi nu a reușit să valorifice această mană cerească și nici să o folosească în beneficiul poporului său, iar cea mai mare parte a profiturilor petroliere a fost deturnată în conturile companiilor petroliere.

Preluând puterea în 1969, Muammar Gaddafi a preluat controlul asupra activităților economice ale țării, inclusiv asupra băncii centrale, care, din motive practice, era gestionată ca o bancă de stat. Aceasta servea drept „super-bancher" pentru băncile locale, iar băncile străine nu aveau dreptul să desfășoare operațiuni acolo. Finanțarea infrastructurilor guvernamentale nu provenea din *riba* (dobânzi), iar Libia nu avea datorie publică și nu contractase niciun împrumut din străinătate. Rezervele sale de valută străină depășeau 54 de miliarde de dolari, ceea ce poate fi comparat cu rezervele țărilor dezvoltate precum Regatul Unit și Canada, care în 2010 dețineau respectiv 50 de miliarde și 40 de miliarde de dolari. Creșterea PIB-ului în perioada 2000-2010 a fost de 4,32% pe an, iar cifra oficială a inflației se ridica la -0,27%.[291]

Colonelul[292] Gaddafi era descris în mass-media ca un „dictator

[290] N.D.T.: în franceză în text.
[291] www.theglobaleconomy.ca
[292] Gradul său efectiv era, de fapt, cel de locotenent.

teribil şi un monstru sugător de sânge"[293], dar realitatea este că, cu excepţia oraşului Benghazi şi a împrejurimilor sale, el se bucura de sprijinul a 90% din populaţie.[294]

Următoarele beneficii oferite de Gaddafi explică motivele popularităţii sale:

- Învăţământul gratuit.
- Studenţii primeau un salariu mediu corespunzător domeniului studiat.
- Studenţilor din străinătate li se acordau o locuinţă, o maşină şi 2.500 de euro pe an.
- Electricitate gratuită.
- Asistenţă medicală gratuită.
- Locuinţă gratuită (ipotecile erau interzise).
- Proaspăt căsătoriţii primeau 60.000 de dinari (50.000 $)[295] ca dar de la guvern.
- Maşinile erau comercializate la preţ de fabrică, fără dobândă.
- Creditele pentru persoane fizice erau acordate fără dobândă.
- O pâine costa 15 cenţi.
- Benzina costa 12 cenţi litrul.
- O parte din veniturile obţinute din vânzarea de hidrocarburi era virată direct în conturile bancare ale cetăţenilor.
- Fermierii primeau terenuri gratuite, seminţe şi animale.

---

[293] http://embassy-finder.com/libya_in_kuwait_kuwait
[294] În ciuda bombardamentelor neîncetate ale NATO, la [1] iulie 2011, un milion de locuitori din Tripoli (dintr-o populaţie de 2,2 milioane) s-au adunat pentru o manifestaţie în sprijinul liderului lor, Gaddafi.
[295] 1 $ = 1,20 dinari libieni.

- Exista ocuparea deplină a forței de muncă, iar celor care erau temporar șomeri li se plătea echivalentul salariului lor integral.

Muammar Mohammed Gaddafi – Era un discipol strict al Coranului, care a abolit orice formă de camătă și a pus Banca Centrală a Libiei în slujba poporului libian.

Jamahiriya, „statul poporului" al lui Gaddafi, se asigura că bogățiile acestei țări cu 5,79 milioane de locuitori erau distribuite în mod echitabil întregii populații. Nu existau cerșetori și persoane fără adăpost, speranța de viață de 75 de ani era cea mai ridicată din Africa și se situa cu 10% peste media mondială. Rata de alfabetizare era de 82%. În ceea ce privește drepturile omului, Libia era clasată pe locul 61 în Indicele Internațional de Încarcerare. Cu cât nota este mai mică, cu atât rata este mai mare. Locul numărul 1 este ocupat în prezent de Statele Unite.[296]

O altă realizare majoră a lui Gaddafi se referă la transformarea Bazinului Nubiei într-un Mare Fluviu Artificial, care furnizează zilnic 6.500.000 m^3de apă potabilă orașelor Tripoli, Sirte și Benghazi. Apa extrasă este de zece ori mai ieftină decât

[296] S. Goodson, *The Truth About Libya*, 4 aprilie 2011, http://rense.com/general/93/truth.htm

apa desalinizată. Costul total d are a proiectului, estimat la 25 de miliarde de dolari, a fost finanţat fără niciun împrumut străin.

Deşi băncile centrale din Belarus, Birmania, Cuba, Iran, Coreea de Nord, Sudanul de Nord şi Siria nu se află direct sub controlul cartelului bancar al familiei Rothschild, Libia dispunea de singura bancă centrală care funcţiona în regim de stat, generând simptomele clasice ale ocupării depline a forţei de muncă, inflaţiei zero şi unui paradis modern pentru muncitori.

Toate acestea ne determină să ne întrebăm care sunt motivele intervenţiei NATO sub pretextul unor presupuse încălcări ale drepturilor omului, pe care ar avea presupusa responsabilitate de a le proteja. Din 1971, când Statele Unite au abandonat etalonul aur în favoarea petrodolarului, cu complicitatea Arabiei Saudite, orice încercare de a înlocui dolarul american ca monedă de rezervă dominantă a fost blocată şi combătută cu violenţă.

În noiembrie 2000, Saddam Hussein a decretat că toate tranzacţiile cu hidrocarburi vor fi denominate în euro, deoarece nu mai dorea să facă comerţ folosind „moneda inamicului".[297] Aşa cum s-a demonstrat ulterior, înşelăciunea legată de armele de distrugere în masă a fost doar un pretext fals, iar această decizie monetară a fost cea care i-a costat viaţa lui Saddam Hussein şi a dus la distrugerea ţării sale.

În circumstanţe similare, Gaddafi a anunţat în 2010 crearea unui dinar-aur pentru plata tuturor tranzacţiilor externe într-o regiune cu 200 de milioane de locuitori. La acea vreme, Libia deţinea 144 de tone de aur. Ceea ce se propunea nu era în sine o revenire la etalonul-aur *per se*, ci instituirea unei noi unităţi de măsură pentru exporturile de petrol şi alte resurse care urmau să fie plătite în dinari-aur.[298] Gaddafi a depăşit linia roşie şi a plătit preţul suprem.

[297] *Time*, 13 noiembrie 2000.

[298] Dinarul de aur: Salvarea economiei mondiale graţie lui Gaddafi, www.globalresearch.ca, 5 mai 2011.

Din 2007, Iranul a cerut ca plățile să fie efectuate în euro. La 17 februarie 2008, Bursa Petrolieră Iraniană folosește în principal euro, rialul iranian și un coș de valute non-americane pentru tranzacțiile sale cu hidrocarburi, produse petrochimice și gaze. Prima încărcătură de petrol tranzacționată în cadrul acestui nou sistem a fost vândută pe această piață în iulie 2011. Acest eveniment trebuie considerat cauza principală a amenințărilor repetate ale Israelului și Statelor Unite la adresa Iranului.

CAPITOLUL VIII

CRIZA BANCARĂ ȘI DECLINUL FINAL AL CIVILIZAȚIEI

„Mă tem că cetățeanul obișnuit nu ar aprecia să afle că băncile pot și, de fapt, creează și distrug banii. Cantitatea de bani existentă variază doar în funcție de creșterea și scăderea depozitelor și creditelor bancare... iar cei care controlează creditul unei națiuni, conduc politica guvernului și țin în palma lor destinul popoarelor"[299]

- Reginald McKenna,
fost ministru de finanțe.

PREZENTARE ISTORICĂ

Crizele bancare iau de obicei trei forme: (i) o singură bancă se prăbușește din cauza lipsei de încredere și a retragerii masive a depozitelor, (ii) o goană la bancă atunci când mai multe bănci intră simultan în faliment și (iii) atunci când întregul sistem se prăbușește.

În secolul al XVIII-lea, crizele bancare au rămas limitate la țările care aveau bănci centrale și practicau camăta, și anume Anglia, Țările de Jos și Suedia.

În 1710, Sword Blade Bank, în concurență cu Banca Angliei, a preluat o parte din datoria publică în schimbul acțiunilor Sword Blade. În anul următor, Compania Mărilor de Sud a realizat o operațiune similară și, în 1720, a preluat restul datoriei guvernamentale în schimbul acțiunilor sale supraevaluate. Compania Mărilor de Sud era, de fapt, doar o cochilie goală și nici măcar nu era o companie dotată cu bunuri comerciale. La 24 septembrie 1720, Sword Blade Bank a fost

[299] Discursul președintelui adresat acționarilor Midland Bank, 25 ianuarie 1924.

pusă în lichidare, iar la sfârşitul acelui an, acţiunile Companiei Mărilor de Sud îşi pierduseră aproape 90% din valoarea lor de 1.000 de lire sterline pe unitate.

În 1763, după încheierea Războiului de Şapte Ani (1756-1763), *wisselurile* sau biletele emise de bancherul olandez Leendert Pieter de Neufville nu au putut fi rambursate şi au provocat o goană la băncile din Ţările de Jos, Germania şi Suedia.

În ianuarie 1772, casa bancară londoneză Neal, James, Fordyce şi Down, care se angajase într-o speculaţie la scară largă prin vânzarea în lipsă a acţiunilor Companiei Indiilor Orientale, a dat faliment după ce nu a reuşit să-şi acopere pierderile din cauza retragerilor masive ale clienţilor săi. Douăzeci şi două de bănci importante şi aproape toate băncile private din Scoţia au fost puse în lichidare. Contagiunea s-a resimţit până la Amsterdam. Multe bănci locale au trecut printr-o criză de lichidităţi, inclusiv Clifford and Sons, care a dat faliment.

De atunci, aproape toate crizele bancare ar fi fost provocate de modelul băncii centrale, care permite băncilor private să creeze monedă printr-o datorie purtătoare de dobândă, apoi să o distrugă odată ce aceasta este rambursată. Astfel, primele două panici din 1792 şi 1796-1797 din Statele Unite au fost cauzate de First Bank of the United States, când aceasta a restricţionat în mod voluntar accesul la credit pentru a provoca un colaps economic.

Un dezastru financiar similar şi depresiunea care a urmat au fost planificate şi puse în aplicare în 1819 de către a doua Bancă a Statelor Unite, deţinută de Rothschild, în timp ce Anglia a fost, de asemenea, afectată de o panică artificială în 1825 şi 1847. În timpul panicii din 1825, 66 de bănci au fost forţate să-şi înceteze activitatea.

O altă panică bancară în Statele Unite a avut loc în 1857, din cauza unei penurii de aur organizate care a dus la falimentul companiilor de asigurări de viaţă Ohio Life Insur. Aşa cum am remarcat deja în Capitolul IV, odată ce Statele Unite au fost forţate să adopte etalonul aur în ianuarie 1873, s-a instalat un tipar de panici bancare din ce în ce mai frecvente şi mai intense. Mai puţin de opt luni mai târziu, în septembrie acelaşi an, Statele Unite au fost cufundate într-o recesiune premeditată care a durat patru lungi ani.

Următoarele crize financiare din 1884, 1890, 1890-1891, 1893-1894, 1897, 1903 şi 1907 au fost toate orchestrate în mod deliberat pentru a arunca poporul american într-o stare de confuzie şi disperare. După 40 de ani de haos planificat, de bule speculative şi prăbuşiri bursiere, precum şi o campanie mediatică de dezinformare, populaţia a capitulat docil, iar visul bancherilor conspiratori de a înfiinţa o bancă centrală a Statelor Unite s-a realizat la 23 decembrie 1913.

După Marea Depresiune, care fusese orchestrată de Rezerva Federală d[300], a urmat o perioadă relativă de stabilitate până în anii 1990, când un număr tot mai mare de ţări au suferit crize economice şi dificultăţi financiare. (Finlanda, Suedia, Venezuela, Indonezia, Coreea de Sud, Thailanda, Rusia, Argentina, Ecuador şi Uruguay).

CRIZA BANCARĂ DIN 2007

Seminţele crizei bancare actuale au fost semănate atunci când Legea Glass-Steagall din 1933, care interzicea băncilor să deţină instituţii financiare şi separa băncile de companiile de investiţii, a fost abrogată la 12 noiembrie 1999. La momentul promulgării legii iniţiale, senatorul Carter-Glass, fost secretar al Trezoreriei SUA şi unul dintre promotorii acesteia, a remarcat: „Cu un pistol, un om poate jefui o bancă, dar cu o bancă, un om poate jefui întreaga lume."

Spre sfârşitul mandatului administraţiei Clinton, s-a declarat că toată lumea avea dreptul să deţină propria casă şi, în acest scop, Ministerul Locuinţelor şi Dezvoltării a pus în aplicare un

[300] În 2002, ca răspuns la o întrebare adresată de profesorul Milton Friedman lui Ben Bernanke, pe atunci membru al consiliului academic al Rezervei Federale din New York, cu privire la Marea Depresiune, Bernanke a răspuns: „În ceea ce priveşte Marea Depresiune. Aveţi dreptate, noi am fost responsabili. Ne pare foarte rău."

program numit Parteneriatul Strategic pentru Proprietatea Națională și Visul American. Pentru a atrage cât mai mulți proprietari, cerințele de acces la credit au fost reduse considerabil, iar guvernul a acordat debitorilor un credit fiscal de 8.000 de dolari. Au fost oferite rate de dobândă atractive în primii doi ani, dar urmate de rate substanțial mai mari care trebuiau plătite ulterior.

Senatorul **Carter-Glass**, a cărui legislație interzicea băncilor să dețină instituții financiare și separa băncile de companiile de investiții. Această lege a fost abrogată în 1999, cu consecințe devastatoare.

Între 1998 și 2006, prețul imobiliarelor a crescut cu 124%, dar doi ani mai târziu s-a înregistrat o scădere de 20%. Spre deosebire de prețurile în creștere, accesibilitatea locuințelor a înregistrat o tendință descendentă. Între 1980 și 2000, raportul dintre costul unei locuințe medii și venitul mediu al gospodăriilor era de 3, dar în 2006 acesta a crescut la 4,6. Acoperirile împotriva riscului de credit (CDS), create pentru a specula împotriva riscurilor legate de credite, s-au multiplicat între 1998 și 2008, ajungând la 47 de trilioane de dolari și corespunzând unei valori noționale de 683 de trilioane de dolari.

Laureatul Premiului Nobel **Frederick Soddy**, ale cărui opinii privind sistemul monetar și bancar se bazează pe fizică și au dezvăluit falsitatea creșterii economice perpetue.

Pentru a alimenta bula imobiliară, au fost dezvoltate produse financiare inovatoare, precum CDO-urile (titluri de creanță garantate cu active). Împrumuturile imobiliare cu potențial de rambursare variat au fost securizate și, după ce au primit ratinguri care le garantau fiabilitatea din partea agențiilor de rating financiar – în mod fraudulos, după cum urma să se descopere mai târziu –, au fost vândute, în majoritatea cazuril, unor investitori naivi.[301]

În scopul de a duce mai departe această cultură a lăcomiei,

[301] Una dintre cele mai spectaculoase victime ale acestei fraude a fost Fondul de pensii petrolier al Guvernului Norvegiei, al doilea fond suveran ca mărime din lume, care a înregistrat pierderi de 90 de miliarde de dolari în 2008. Această pierdere a anulat efectiv toate profiturile din cei 12 ani precedenți. http://news.bbc.co.uk/2/hi/business/7961100.stm

sectorul bancar din umbră, care include băncile de investiții și fondurile speculative, ale căror active totale se ridicau la acea vreme la peste 100 de trilioane de dolari, a comercializat în mod agresiv aceste produse, în ciuda faptului că, în iunie 2007, 39% din toate împrumuturile imobiliare nu îndeplineau condițiile unui emitent clasic.

Bula a explodat când Lehmann Brothers a fost declarată în faliment pe 15 septembrie 2008. S-a solicitat de urgență o măsură de salvare, iar Congresul a alocat o sumă de 700 de miliarde de dolari pentru Planul Paulson, dar aceasta nu era decât vârful icebergului, deoarece Rezerva Federală a acordat de atunci peste 16 trilioane de dolari în ajutoare băncilor naționale și străine. Conform memoriilor „[302] " ale lui Neil Barofsky, inspector general al Planului Paulson, suma finală ar putea depăși 24 de trilioane de dolari. Nu este deci surprinzător să aflăm că, în perioada 2008-2013, bilanțul Rezervei Federale a crescut cu 500%, ajungând la 5 trilioane de dolari, totul pentru a menține un sector bancar insolvabil prin programul său de relaxare cantitativă, similar schemei Ponzi[303], în timp ce, într-o notă similară, bilanțurile celor șase mari bănci occidentale au înregistrat o creștere de 336,4% între 2007 și 2012, trecând de la 10,7 trilioane de dolari la 14,6 trilioane de dolari.

CAUZĂ

Pe fondul consecințelor acestei crize financiare, au început să apară încercări de a remedia ceea ce părea o problemă insolubilă. Reforma Dodd-Frank de pe Wall Street și Legea privind protecția consumatorilor au fost promulgate la 21 iulie 2010. Acestea conțin mai multe obligații de reglementare menite să promoveze responsabilitatea, stabilitatea financiară și transparența. 200 de pagini ale legii sunt dedicate reformei

---

[302] N. Barofsky, *Bailout: An Inside Account of How Washington Abandoned Main Street While Rescuing Wall Street*, Free Press, New York, 2012, p. 288. În noiembrie 2011, Institutul de Economie Levy, Bard College din New York, a calculat că valoarea totală a salvării financiare se ridica la 29 de trilioane de dolari.

[303] Charles Ponzi a fost un escroc american de la începutul secolului al XX-lea.

creditelor ipotecare și includ condiții de acordare mai stricte, precum și obligația brokerilor de credit de a se asigura că debitorii au capacitatea de a-și rambursa datoriile.

Conducătorii Comitetului de la Basel pentru Supraveghere Bancară au propus creșterea nivelului de capital și a indicatorilor de lichiditate, în speranța că aceste măsuri vor consolida sectorul bancar. Intenția este ca toate acestea să fie puse în practică până la 31 martie 2019. Cu toate acestea, este probabil ca ele să producă doar efectul invers, provocând o reducere și mai semnificativă a masei monetare, agravând astfel recesiunea.

Ceea ce nu este înțeles de majoritatea bancherilor și economiștilor este că singura metodă disponibilă pentru a salva economia este să ne adâncim și mai mult în datorii (cu dobândă), deoarece moneda bazată pe datorii este singurul nostru mijloc de schimb. De aici provin toate aceste mantre la fel de persistente pe cât de ridicole, care repetă că creșterea economică trebuie menținută cu orice preț, deoarece, dacă toate împrumuturile ar trebui rambursate, masa monetară ar dispărea și am fi reduși la a schimba bunuri și servicii prin troc. În situația actuală, o anulare a datoriei mondiale nu ar fi deloc de prisos, dacă masa monetară ar putea fi înlocuită de un sistem bancar de stat care creează monedă fără datorii și fără dobânzi.

Motivul fundamental pentru care lumea dezvoltată, care producea anterior produse durabile și de calitate superioară, a fost parțial dezindustrializată este faptul că bunuri de calitate mediocră trebuie produse continuu de țările din lumea a treia pentru a alimenta sindromul creșterii. Acest lucru subliniază, de asemenea, absurditatea ideii că Europa ar avea nevoie de creștere economică în timp ce populația sa autohtonă este în scădere. Această politică deliberată de obsolescență programată și de creștere forțată are, de asemenea, efecte nocive asupra mediului. Așa cum vom observa în ultima secțiune, scăderea ratei fertilității femeilor din lumea dezvoltată, care este o consecință directă a uzurii, va duce la dispariția civilizației.

În concluzie, putem remarca că principalul obiectiv ascuns al crizei bancare actuale este de a crea un sentiment general de disperare şi un cor de aplauze pentru înfiinţarea unei Bănci Centrale Mondiale – o situaţie similară cu cea care a prevalat în Statele Unite în cursul secolului al XIX-lea, când au fost generate artificial panici bancare în pregătirea pentru înfiinţarea Rezervei Federale. Când bancherii paraziţi vor atinge acest obiectiv, este îndoielnic dacă gazda care îi hrăneşte nu va fi dispărut până atunci.

MAREA DEPRESIUNE A SECOLULUI XXI

Una dintre principalele cauze ale bulei de datorii în continuă creştere se bazează pe politica sinucigaşă a globalizării şi a liberului schimb, care a provocat dezindustrializarea parţială deja menţionată a Statelor Unite, Regatului Unit şi Europei. Relocalizarea industriilor în ţările din lumea a treia a dus la o reducere a bazei manufacturiere a lumii dezvoltate, la un şomaj structural de natură permanentă şi la un deficit comercial în creştere. În încercarea de a menţine un nivel de trai pe cale de prăbuşire, consumatorii din ţările afectate au fost obligaţi să recurgă la niveluri din ce în ce mai mari de îndatorare privată. Astfel, în Statele Unite, în anii 1980, erau necesari 2,37 dolari de datorie privată pentru a produce 1 dolar de creştere a PIB-ului; în anii 1990, suma era de 2,99 dolari, iar în anii 2000, s-a înregistrat o creştere dramatică la 5,67 dolari pentru fiecare dolar de creştere economică – un nivel care va deveni în curând intolerabil.

Un factor şi mai agravant este creşterea costului extracţiei energiei, cunoscută şi sub denumirea de rata de rentabilitate energetică, EROEI („*Energy Returned On Energy* Invested"), care se apropie rapid de un punct critic. Conform raportului Tullet Prebon,[304], în 1990 costul teoretic al energiei ar fi fost de 2,43% din PIB,[305], iar în 2010 acesta aproape s-ar fi dublat,

[304] T.M. Morgan, *Perfect storm energy, finance and end of growth*www.tullettprebon.com/Documents/strategyinsights/TPSI009PerfectStorm009.pdf

[305] Aşa-numita perioadă de glorie a profesorului Frederick Soddy, înainte ca entropia să se manifeste, ceea ce în acest caz înseamnă penuria de materii prime relativ rare.

ajungând la 4,7% din PIB. Se preconizează că va ajunge la 9,6% din PIB în 2020 și la 15% până în 2030. Această scădere a randamentului energetic, care va provoca închiderea generalizată a unor sectoare întregi din industria minieră și industrială și va afecta agricultura, prezice o scădere foarte substanțială a nivelului de trai.[306]

Costurile crescânde ale extracției energetice nu sunt singurele încercări care așteaptă umanitatea. În ultimii 100 de ani, consumul de apă s-a cuadruplat și continuă să crească. În prezent, 1,6 miliarde de oameni se confruntă cu o penurie de apă și, potrivit unui raport american recent din iunie 2014, cererea mondială de apă va depăși oferta disponibilă cu 40% în 2030.[307]

Cu toate acestea, factorul care depășește toate aceste considerente macroeconomice este scăderea ratei natalității în lumea dezvoltată. La începutul secolului al XX-lea, populația albă a lumii se ridica la 590 de milioane, adică 36% dintr-un total de 1,65 miliarde. În prezent, ponderea sa în populația mondială s-a redus la 15%. Două războaie mondiale fratricide și inutile, declanșate pentru menținerea sistemului de cămătărie, au provocat acest declin catastrofal.

Tabelul următor, care ilustrează rata fertilității[308], relevă inevitabilitatea și certitudinea aproape matematică că, în 2100, majoritatea popoarelor albe și o mare parte din popoarele asiatice din nord-estul Asiei vor fi dispărut.

Nigeria	5,32
Pakistan	3,52

[306] Practic, toate terenurile agricole erau cultivate în 1960. Între 1950 și 1984, de exemplu, producția mondială de cereale a crescut cu 280%. Cu toate acestea, creșterea producției agricole s-a bazat aproape în totalitate pe îngrășămintele utilizate. Un aport energetic adecvat ar permite reducerea producției alimentare aproape la jumătate.

[307] http://theeconomiccollapseblog.com/archives/25-shocking-facts-abouttheearths-dwindling-water-resources

[308] www.en.wikipedia.org/wiki/List-of-sovereign-states-and-dependentterritories-by-fertility-rate

Egipt	2,89
Bangladesh	2,83
India	2,81
Indonezia	2,18
Mexic	2,21

Prima coloană a tabelului de mai sus privind rata natalității enumeră toate țările cu o populație de peste 100 de milioane de locuitori, în timp ce tabelul următor prezintă țările cu populație majoritar albă și națiunile din Extremul Orient. Rata fertilității necesară pentru înlocuirea populației este de 2,11.[309] Astfel, populațiile albe, chineze și japoneze vor fi serios decimate în decursul a trei generații,[310] și, dacă rata natalității nu va crește semnificativ, se vor confrunta cu o eventuală dispariție.

SUA	2,05
Regatul Unit	1,94
Brazilia	1,90
Franța	1,89
Australia	1,79
Suedia	1,67
China	1,55

[309] Rata medie a fertilității la nivel mondial este de 2,55, dar este dificil de stabilit dacă acest număr a fost calculat aritmetic sau printr-o medie ponderată.

[310] Vârsta medie actuală la care o femeie naște primul copil este de 30 de ani, în timp ce acum 40 de ani era de 25 de ani.

Canada	1,53
Germania	1,41
Spania	1,41
Italia	1,38
Rusia	1,34
Japonia	1,27
Africa de Sud	2,64 Rata fertilității populației albe este de 1,5.

Pe baza tabelului de mai sus, trebuie precizat că o rată a fertilității de 1,3 necesită 80-100 de ani pentru a fi inversată, ceea ce este aproape imposibil; în timp ce, din punct de vedere istoric, o rată a fertilității de 1,9 nu a fost niciodată inversată. În plus, gravitatea declinului populației albe este mascată de faptul că o mare parte din populația non-albă, care are o rată a fertilității mai mare, este inclusă în aceste cifre.

Procentul albilor în următoarele țări principale se prezintă astfel:

Brazilia	48
Germania	88[311]
Regatul Unit	86[312]
Australia	85
Franța	85
Rusia	81
Canada	80
Statele Unite	65[313]

[311] Potrivit Oficiului German de Statistică (Destatis), 15 milioane sau 19% din populația germană de 80,2 milioane de locuitori sunt de origine non-germană. Recensământul a fost realizat la 9 mai 2011.

[312] *Heritage and Destiny*, The Changing Face of a Disunited Kingdom, Preston, Anglia, martie-aprilie 2013, p. 3.

[313] M. Merlin, *Our Vision for America*, A2Z Publications LLC, Las Vegas, 2012,ix.

Se mizează mult pe China pentru salvarea economiei mondiale, dar rata natalității din teritoriile învecinate cu Hong Kong (populație de 7 milioane) este de 0,97 pentru acesta din urmă și de 1,10 pentru Taiwan (populație de 23,3 milioane), ceea ce demonstrează clar o tendință de scădere și sugerează că China continentală nu va întârzia să ajungă la aceste rate de fertilitate, pe măsură ce nivelul de trai continuă să crească. Aceste rate de fertilitate în scădere din China sunt favorizate și de politica copilului unic a guvernului chinez, în vigoare din 1979. Se preconizează o creștere zero a populației în China până în 2025.

De la cel de-al Doilea Război Mondial încoace, un număr tot mai mare de femei căsătorite din lumea occidentală, înșelate de propaganda nocivă a feminismului și a egalității de gen, au fost nevoite să-și caute un loc de muncă, pentru ca familiile lor să poată plăti dobânzile tot mai mari necesare pentru a-și acoperi cheltuielile. Majoritatea acestor dobânzi sunt colectate prin intermediul creditelor ipotecare, adică pe banii pe care băncile i-au creat din nimic. Rezultatul direct al acestui sistem financiar inechitabil a fost distrugerea vieții familiale normale și o reducere dramatică a fertilității feminine. Potrivit lui Aaron Russo, familia Rockefeller a stat în spatele acestui plan diabolic, care a fost pus în aplicare pentru a atrage femeile în plasa impozitelor pe venit, pentru a destabiliza societatea și pentru a instaura Noua Ordine Mondială.[314] Astfel, putem stabili o legătură incontestabilă între camătă și declinul demografic. Chiar dacă sistemul camătă ar fi complet abolit în următorii cinci sau zece ani, aceste tendințe nu ar fi ușor reversibile pe termen scurt sau mediu. Dacă camăta persistă, atunci lumea trebuie să se pregătească să traverseze o perioadă de depresiune, similară cu Evul Mediu, care va dura secole.

S-a demonstrat în mod concludent în capitolele anterioare că un sistem bancar de stat și emisiunea de monedă a unei națiuni suverane sunt singurele mijloace de a asigura o ordine naturală

[314] A se vedea https://www.youtube.com/watch?v=IdM8UN2aG_E unde regretatul Aaron Russo, un prieten al membrului Consiliului pentru Relații Externe, Nicholas Rockefeller, dezvăluie, de asemenea, că revista Gloriei Steinem, *Ms. Magazine*, a fost finanțată de CIA.

care să garanteze armonia, pacea și prosperitatea, bazată pe independența etnică a tuturor popoarelor.

În ciuda numeroaselor progrese tehnologice, ultimii 300 de ani au cunoscut o deteriorare progresivă a civilizației occidentale europene. Concentrarea excesivă a puterii și a bogăției, bazată exclusiv pe metode bancare necinstite, a permis unei mici clique de bancheri criminali să controleze mass-media și sistemul educațional și astfel să spele creierul unei umanități la fel de atomizate pe cât de lipsită de reflecție, rătăcită de confortul superficial al democrației și al materialismului, în timp ce se cufundă într-o orgie de războaie sălbatice și inutile, cu unicul scop de a perpetua acest sistem al băncii centrale care organizează degradarea culturală care ne conduce direct către propria noastră dispariție demografică.

ANEXĂ

Scrisoare a președintelui Abraham Lincoln

către colonelul E. D. Taylor

Chicago

Illinois

Decembrie 1864

Colonel E. O. Taylor,

De mult timp am decis să fac publice originile greenback-urilor (bancnotelor verzi) și să declar în fața întregii lumi că acestea sunt creația lui Dick Taylor. Mi-ați arătat întotdeauna prietenie în momentele dificile prin care am trecut și, deși am umeri largi și sunt hotărât, eram slăbit și înconjurat de circumstanțe atât de nefavorabile încât nu știam către cine să mă îndrept. Apoi, într-o situație extremă, mi-am spus: „Să-l chemăm pe colonelul Taylor; el va ști ce e de făcut." Cred că era în ianuarie 1862, pe la data de 16, când am luat această decizie. Ați venit la mine și v-am întrebat: „Ce putem face?" " Atunci mi-ați spus: „De ce să nu emitem bilete de trezorerie fără dobândă, tipărite pe cea mai bună hârtie bancară? Să emitem suficiente pentru a acoperi cheltuielile militare și să le facem monedă legală." " Chase credea că era o inițiativă riscantă, dar am reușit în cele din urmă și am oferit poporului acestei Republici cea mai mare binecuvântare posibilă – propria lor monedă de hârtie pentru a-și plăti propria datorie. Ție îți datorăm asta, tatăl actualului dolar pe care poporul ar trebui să-l cunoască, și îmi face o imensă plăcere să fac acest lucru cunoscut. De câte ori am râs de dumneavoastră când îmi spuneai că sunt prea leneș pentru a fi altceva decât avocat.

Cu sinceritate,

A. Lincoln.

Această scrisoare manuscrisă a fost verificată și documentată la 10 februarie 1888 de către cel de-al 50-leaCongres al Statelor Unite.

Bancnota **Rezervei Federale** – Monedă plutocratică emisă de banca privată a Rezervei Federale americane.

Bancnota Statelor Unite – Monedă adevărată emisă de guvern, care a circulat între 1862 și 1994. La 4 iunie 1963, președintele John F. Kennedy a emis Ordinul Executiv nr. 11110, care a dat instrucțiuni Trezoreriei să tipărească bancnote de 2 și 5 dolari în valoare de 4 miliarde de dolari, un exemplu fiind reprodus mai sus. Aceste bancnote, garantate cu argintul metalic din seifurile Trezoreriei, au fost emise fără datorii și fără dobândă; veniturile din seignioraj nefiind direcționate către Rezerva Federală privată, ci către guvernul Statelor Unite. Această emisiune făcea parte dintr-un plan pe termen lung al lui Kennedy de a reduce puterea Rezervei Federale. La 22 noiembrie 1963, Kennedy a fost asasinat la Dallas, Texas, de către asasini presupuși a fi fost angajați de Rothschild.

CRITICA LUI MATTHEW JOHNSON

Unul dintre lucrurile cele mai dificile de explicat studenților din universitățile americane este modul în care capitalismul și comunismul au mai multe în comun decât pare. De fapt, indiferent de modul în care se explică acest lucru, vechiul refren care proclamă că cele două sunt „opuse" prevalează întotdeauna. Mai rău încă, a le explica studenților și părinților lor uimiți că sistemul bancar și conglomeratele industriale americane au finanțat Revoluția Roșie Sovietică și au construit în întregime aparatul industrial sovietic este, de asemenea, un exercițiu la fel de disperat pe cât de exasperant.

O modalitate simplă de a defini toate acestea ar fi să spunem că, pentru bancherii moderni, controlul statului asupra întregii economii dintr-un singur loc reprezintă ceea ce ei consideră a fi paradisul. Există un singur plan, un singur sistem bancar și un singur sistem social; aceasta înseamnă că băncile nu fac decât să transfere banii, așteptând ca statul, și nu economia în sine, să le ramburseze dobânzile necesare. Cu alte cuvinte, economia dirijată este cea care prezintă băncilor imaginea cea mai simpatică. Nu este necesar să se stabilească legăturile dintre băncile private și economia de stat. Este la fel de simplu pentru un bancher să lucreze pentru Partid cât și pentru Goldman-Sachs.

Capitalismul și socialismul se bazează pe materialism. Producția și utilitatea sunt considerate un bine, iar eficiența metodelor este considerată condiția *sine qua non* a contemplării etice. Ambele sisteme sunt orientate către tehnologie, profesează o viziune liniară asupra istoriei și caută să mecanizeze toate aspectele vieții umane. Pe măsură ce se dezvoltă, sistemul economic și statul fuzionează într-o singură mașinărie. Eroarea libertarienilor a fost întotdeauna aceea de a crede că statul și capitalul privat sunt în opoziție. În timp ce adevărul este exact invers. O mare concentrare a capitalului este întotdeauna profund legată de stat, folosindu-l atât ca barieră de protecție, cât și ca regulator pentru a menține un acces considerabil limitat la piață. Înfrângerea Departamentului de Justiție de către Microsoft în procesul d, în perioada 2010-2012, demonstrează dezechilibrul de putere dintre capitalul privat și stat. Acest lucru poate părea un subiect îndepărtat pentru o analiză a sistemului bancar. Pentru un profesor tipic de economie politică, așa și este. Dar pentru cei care, precum domnul Goodson, au fost membri ai comitetului de conducere al Băncii Centrale a Africii de Sud timp de mulți ani, perspectiva academică luată izolat pare o absurditate. Domnul Goodson era orice, numai izolat nu, și a asistat la preluarea controlului strict asupra vieții economice de către gigantele conglomerate bancare din întreaga lume. A fost martorul privilegiat al acestui proces.

Această carte nu este un studiu al tehnicilor economice. Din fericire, este un studiu istoric. Goodson realizează ceea ce majoritatea economiștilor nu sunt capabili: faptul că, pentru a înțelege un fenomen economic, acesta trebuie considerat ca rezultatul a zeci de ani de dezvoltare istorică. Fiecare aspect al ansamblului vine să consolideze continuu viziunea globală, iar ansamblul este el însuși, ca un organism, în continuă evoluție, pe măsură ce istoria prezintă noi provocări, noi proiecte și noi victime.

Cu alte cuvinte, viața secretă a băncilor nu este doar rezultatul voinței unui grup de oameni reuniți pe o insulă în largul coastelor Georgiei. Ei înșiși erau actorii unui curent istoric care datează de la primele civilizații mesopotamiene, culminând la Roma. Faptul că ansamblul s-a bazat întotdeauna pe aceleași valori, indiferent de civilizația în care s-a înrădăcinat, este atât de impresionant încât merită o analiză aprofundată. Cu toate acestea, având în vedere repercusiunile politice ale unei astfel de onestități, domnul Goodson a fost nevoit să demisioneze, deoarece foarte puțini membri ai lumii instituționale s-ar obosi să menționeze lucrările sale, cu atât mai puțin să le susțină.

Există o constantă istorică care reiese clar din acest studiu: că distincția esențială între monarhie și republicanism (în general) este de natură economică. Republicile sunt, de obicei, oligarhii de tip „ ", sau cel puțin conțin germenii acestora. Monarhiile, fiind într-un război perpetuu împotriva propriului nobilim, resping adesea suspiciunile de oligarhie. Fie că este vorba de Partidul Național Socialist din China sau din Belarus, de Banca

Regală din Sankt Petersburg sau de dictatura centralizată din epoca augustiniană, orice formă de statism puternic a dus un război împotriva monopolului bancar. Niciun conducător autoritar nu a acceptat vreodată rivalitatea unui mediator economic atotputernic. Desigur, există câteva excepții de ambele părți, dar istoria demonstrează clar că statele puternice, cele bazate pe autoritatea tradițională, resping alchimia monedei și a cametei.

ROMA

Pe vremea lui Ciceron, Roma se îndepărta deja rapid de oligarhia senatorială, îndreptându-se spre imperiul militar al lui Sulla și al succesorilor săi. Impactul imediat, odată ce praful războaielor civile s-a așezat, a fost controlul asupra batere monedei și a cametei. Iulius Cezar a căutat să limiteze plata dobânzilor la 1% pe lună și, într-un elan populist rar întâlnit în istorie, a interzis acumularea lor compusă. În plus, orice dobândă acumulată nu putea depăși niciodată suma principală inițială.

În Bizanț, Imperiul Roman de Răsărit, dobânzile erau limitate oficial la 5%, de acceptat sau nu, dar acest lucru nu putea fi menținut decât sub domnia unor împărați autoritari. De exemplu, Vasile al II-lea a respins orice dobândă și i-a obligat pe proprietarii înstăriți să-i ajute pe țăranii săraci. Puterea sa, deși populară, se lovea de obicei de o reacție aristocratică care instala apoi împărați marionete la Constantinopol. Cu toate acestea, sub un astfel de sistem, Roma de Răsărit se bucura de o economie vibrantă și populară. Moneda sa servea drept etalon general în ținuturi îndepărtate precum China. Țăranii erau proprietari de pământ liberi, iar feudalismul nu exista. Inflatia era, de asemenea, inexistentă, iar comerțul înfloritor favoriza întotdeauna capitalul. Acesta este motivul pentru care statele oligarhice „ ", precum Veneția, Dubrovnik și intrușii normandi din Sicilia, nu au încetat să finanțeze dușmanii Romei.

După 1204, când cruciații normanzi au cucerit Constantinopolul, s-a impus dominația oligarhilor venețieni.

După ce și-au abandonat autonomia financiară în favoarea infuziilor regulate de bani venețieni, împărații din secolele al XIV-leași al XV-leaau condamnat Bizanțul la moarte. După ce și-a pierdut orice independență economică și a văzut imensa bogăție a Orientului înghițită de plata dobânzilor către Italia, Bizanțul s-a prăbușit în cele din urmă sub o invazie turcă finanțată de Italia în 1453. Veneția a devenit aliatul necondiționat al Turciei.

Nu există aici niciun mister economic. Acolo unde camăta este strict controlată, fuga continuă și acumularea bogăției către centrele bancare nu există. Această hemoragie financiară înseamnă că valoarea rămâne acolo unde trebuie să fie: la micii antreprenori și la micii proprietari de pământ. Fără creșterea matematică a dobânzilor, o simplă parte din munca de astăzi era suficientă pentru a menține stabilitatea monetară, aprovizionarea necesară și o nobilime forțată să servească statul, mai degrabă decât să se folosească de el. Cu sistemul modern al cametei, centralizarea este inevitabilă, deoarece dobânzile compuse aspiră continuu orice valoare economică adăugată, pentru a se acumula în seifurile cabalei.

ANGLIA

Anglia nu era deloc diferită. Înainte de invazia normandă, Anglia anglo-saxonă, chiar și după atacurile vikingilor, trăia o epocă de aur din punct de vedere financiar. Din nou, micii comercianți erau regula, comerțul urban menținea prețurile scăzute, iar lipsa de lichidități împiedica orice centralizare. Într-un astfel de sistem, feudalismul nu putea exista. Cămătăria a fost interzisă în Mercia sub Offa cel Mare, iar încercarea frenetică a lui Alfred „ ” de a centraliza puterea în Wessex împotriva danezilor l-a determinat, de asemenea, să refuze „serviciile” cabalei bancare. Cu toate acestea, băncile italiene erau foarte interesate de asaltul planificat al lui William Cuceritorul împotriva bastionului anglo-saxon și de eliminarea influenței scandinave în Anglia. În urma sa se afla o mică armată de negustori evrei de sclavi, venețieni și bancheri romani. Cămătăria a fost autorizată pentru o perioadă sub hegemonia normandă. Vechea aristocraţie engleză a fost masacrată, iar William Cuceritorul a adus o nouă nobilime cu legături strânse cu Italia. Feudalismul şi-a făcut astfel prima apariţie pe pământ englez. Câteva secole mai târziu, Irlanda urma să cunoască şi ea beneficiile progresului normand.

Un astfel de progres, în epoca regelui Ştefan, a dus la crearea unui sistem bancar care percepea o dobândă medie de 33% pentru terenurile ipotecate şi de 300% pentru capitaluri. În decursul a două generaţii, peste 66% din terenurile engleze s-au regăsit în mâinile bancherilor evrei şi italieni. Acest lucru poate explica nevoia constantă a Imperiului Plantagenet de a acapara tot mai multe terenuri franceze.

Acesta a fost soarta Angliei normande până la domnia lui Eduard [I](1307), care a imitat modelul bizantin (unde mulţi anglo-saxoni au servit după 1066) prin limitarea strictă a dobânzilor şi a acumulării acestora. Expulzând bancherii din ţară, el a declanşat o epocă de prosperitate care a fost, din păcate, scurtată de ciumă. Nu este o coincidenţă faptul că, exact în momentul în care Bizanţul îşi cedase suveranitatea Veneţiei în schimbul utilizării marinei sale, Anglia a luat direcţia opusă împotriva Italiei şi a Romei.

De la domnia lui Edward [I]până la Marea Ciumă, Anglia a fost prosperă. Anul de muncă cuprindea 14 săptămâni, ceea ce corespundea unei perioade suficiente pentru a asigura strictul necesar. Calendarul bisericesc, atât în Europa de Vest, cât şi în cea de Est, prevedea între 100 şi 140 de zile libere pe an, fără a lua în calcul duminicile şi perioada de după Paşte. Desigur, capitalismul trebuia să ducă un război fără milă împotriva Bisericii şi să caute aprobarea protestantă pentru a elimina zilele sfinte din calendar. Domnia micului proprietar se întorsese pentru prima dată de la Edward Confesorul. Din păcate, aceasta nu a fost ultima. Reforma, odată ce influenţa lui Luther a scăzut, avea idei diferite despre bani.

Odată ce Henric al VII-lea a stabilizat Anglia după Războiul Rozelor, a revenit timpul ascensiunii băncilor. Reforma şi imoralitatea lui Henric al VIII-lea au furnizat scuza necesară. Reforma a fost o încercare a Stuartilor de a începe centralizarea puterii, odată ce membrii vechii nobilimi s-au masacrat între ei. Terenurile mănăstirești au fost secularizate, s-a dezvoltat o piață funciară, iar finanțarea comerțului îndepărtat a devenit o prioritate. Henric al VII-lea a devenit ultima suflare a unui stat tradițional puternic. De la Henric al VIII-lea la Eduard al VI-lea, apoi la Elisabeta, o nouă oligarhie, care avea nevoie de fastul monarhiei ca paravan, preluase puterea. Foarte repede, odată ce a căpătat încredere în rolul său, a avut nevoie de ajutorul lui William de Orange pentru a-și justifica existența.

Spania, odată ce islamul a fost în cele din urmă respins, a căutat să scape de sefarazi, aliații tradiționali ai califatului musulman. Naționalismul spaniol era consubstanțial cu biserica și statul, fiind pentru amândouă un vector de purificare și regenerare. Mutându-se la Amsterdam, sefarzii și-au reconstruit cartierul general bancar, creând o „bază" de influență care se sprijinea pe patru piloni: comerțul cu cereale din zona baltică, băncile din Amsterdam, Constantinopol, piața turcă și, cel mai important, Polonia. Aceasta reprezenta tendința către modernitate, deoarece prețul cerealelor a crescut vertiginos în Occident, forțând Orientul să exporte din ce în ce mai mult.

Sub domnia Elisabetei și cu siguranță în timpul și după Revoluția Engleză, Spania era inamicul. Irlanda catolică a solicitat ajutorul Spaniei împotriva jefuirii gaelilor de către Anglia, lucru pe care Cromwell urma să-l pedepsească cu o asprime genocidă. Importul de argint metalic din Lumea Nouă de către Spania amenința dominația băncilor. Regimul bancar a finanțat rebeliunea olandeză d ă împotriva spaniolilor, în timp ce presa mondială nu se abținea de la nicio retorică excesivă pentru a denunța prezența armatelor spaniole în Europa de Nord. Dușmanii britanici ai elitei bancare se îndreptau, de asemenea, spre Spania pentru o eventuală asistență.

Odată ce Carol I a fost învins în 1645 și Cromwell și-a instaurat dictatura militară asupra Angliei și Irlandei în 1653, regimul bancar își distrusese acum dușmanii și își asigurase poziția. Ocuparea pașnică a Winchesterului de către William de Orange, 30 de ani mai târziu, înseamnă că bancherii aveau acum Anglia la dispoziție pentru a o folosi împotriva Franței și Spaniei. Nu va surprinde pe nimeni faptul că iacobiții au cheltuit atât de mult timp și eforturi pentru a ataca elita bancară care preluase puterea cu atâta vehemență. Nici Iacob I nici Iacob al II-lea nu credeau în „dreptul divin”, și nici nu doreau să-și impună dictatura. Numai Cromwell căuta această onoare. Cu toate acestea, cei doi Iacobi au fost acuzați de toate crimele posibile. Iacob promova toleranța religioasă, nu o „teocrație spaniolă”, așa cum aveau să pretindă mai târziu whigii. Partidul Whig apăra sistemul cametei și, ca atare, a fost întotdeauna mișcarea politică care căuta războiul cu Franța, Spania și, eventual, Rusia, în cel mai feroce mod cu putință.

Parlamentul, devenit acum un instrument al capitalismului și al imperiului, căuta orice pretext pentru a se răzbuna pe Spania. „Democrația” și „voința poporului” erau considerate identice cu interesele negustorilor și comercianților. Anglia devenise o oligarhie. Conducătorilor catolici trebuia să li se interzică pentru totdeauna să domnească la Londra, indiferent de dorința lui James de neutralitate religioasă. Războiul lui William cu Franța a fost finanțat de întregul sistem bancar din Amsterdam, lucru recunoscut în mod clar chiar de William de Orange, când a încercat să aranjeze o căsătorie cu o Stuart care urma să rămână fără copii.

Ucraina și Polonia

Cu siguranță nu este o coincidență faptul că domnia lui Cromwell și lentul genocid al rezistenților irlandezi și al iacobiților englezi au avut loc în același timp cu dezvoltarea mișcării opuse la celălalt „pol” al „teritoriului comercial” evreiesc. Creșterea populației din Occident, precum și centralizarea progresivă a statelor, au condus la o creștere a cererii de cereale. Aceasta însemna, printre altele, că nobilimea trebuia să-și intensifice servitutea asupra țăranilor și să dedice o parte mai importantă din producție exportului.

Nobilimea poloneză le-a acordat evreilor monopolul asupra comerțului terestru, asupra vieții urbane, asupra pieței închirierilor și a alcoolului. Sursele istorice oficiale ale istoriei ucrainene sunt toate nevoite să recunoască acest lucru.

Monarhia poloneză, neputincioasă, a încercat să recâştige puterea, aşa cum s-a întâmplat şi în alte părţi, printr-o alianţă cu oraşele. Considerând acest lucru o ameninţare, nobilii polonezi au contracarat această tendinţă primind evrei khazari aflaţi în căutarea unei noi patrii după căderea Italiei cu secole în urmă. Nu numai că au găsit-o, dar puterea lor oficială şi succesul lor au atins un nivel atât de ridicat încât afirmaţiile rabinice conform cărora secolul al XVII-lea era o epocă „mesianică" erau foarte răspândite. De fapt, era vorba de un sunet de tobă care anunţa că timpul salvatorului era aproape. În schimb, au suferit revolta cazacului Hetman Bogdan Khmelnytsky. Revolta lui Khmelnytsky a fost opusul celei a lui Cromwell. Cazacii au luptat împotriva unei oligarhii de lungă durată, în timp ce Cromwell căuta să stabilească una.

Ascensiunea lui Khmelnytsky în 1648 a fost singurul eveniment care a definit pentru eternitate naţionalismul ucrainean. Nimic nu a mai fost ca înainte. Polonia a fost la un pas de colaps. Evreii au fost nevoiţi să fugă pentru a-şi salva viaţa. Tătarii din Crimeea au reuşit să se elibereze de sub tutela Turciei. Roma era cuprinsă de panică, deoarece bisericile sale, asociate de mult timp cu camăta, au fost arse de cazaci, aceştia amintindu-şi că construcţia lor avusese loc cu un secol în urmă, pe ruinele bisericilor ortodoxe. Încă clătinându-se sub „ a Reformei", Roma se confrunta acum şi cu eradicarea sa în Orient. Patriarhul Ierusalimului, Paisios, l-a încoronat pe Hetman Khemlnytsky „Monarh al tuturor Rusiei". Rusia, Viena, Prusia şi Parisul erau acum capabile să-şi centralizeze puterea şi să sfideze Roma. Rusia păstra nemulţumiri speciale faţă de Roma, deoarece papalitatea fusese cea care declarase o cruciadă împotriva Rusiei de Nord în 1256, finanţase expansiunea mongolă şi calificase atacul polonez asupra Ucrainei drept „război sfânt". În timp ce Parisul şi Viena rămâneau catolice, era vorba de un catolicism naţional, în care coroana, şi nu Roma, începea să selecteze arhiepiscopii. Acest lucru nu avea să dureze.

Roma a reuşit să-i convingă pe crimeeni să-i abandoneze pe slavii ortodocşi. Moartea lui Herman Khmelnytsky în 1657 a dus la o divizare în cadrul armatei cazace, între hetmani şi cele două maluri ale Niprului. Hetmanul Ivan Vyhovsky și Pavlo Teteria căutau o alianță cu Polonia, Briukhovetsky, în est, s-a orientat spre Moscova, iar Doroshenko, în disperare de cauză, a plecat să se întâlnească cu turcii. În 1708, hetmanul Ivan Mazepa s-a aliat cu suedezii. A urmat un dezastru, iar printre istoricii ucraineni această perioadă este denumită „ruina".

Pe măsură ce Rusia se apropia de Nipru, Viena s-a alarmat de potențiala rusificare a majorității Europei de Est (inclusiv a Balcanilor) și și-a mobilizat eforturile împotriva acesteia. Recâștigând o oarecare marjă de manevră, Polonia și-a redobândit stabilitatea anterioară, iar nobilimea s-a întors în țară. Un secol mai târziu, rebeliunea cazacilor din Haidaimak a dus la ceva de neimaginat: tratatul de „prietenie eternă" (adică Armistițiul de la Andrusovo, 1667) dintre Polonia și Rusia, care a împărțit Ucraina în două imperii distincte. Răscoala de la Haidaimak a fost înăbușită printr-un efort concertat al Moscovei și al Cracoviei, iar totul a revenit exact la starea dinainte de 1648.

La fel ca în Anglia, sub domnia cazaciilor, societatea era împărțită în comitate, administrate de o democrație locală care manifesta o lipsă totală de interes față de camătă. Au urmat rezultatele tipice: comunitățile slave tradiționale și-au făcut reapariția, iar acest lucru a dus la stabilitate politică și economică. Susținerea lentă a aristocrației cazace, finanțată de Sankt Petersburg, a dus la impunerea unei oligarhii care i-a permis cu ușurință Ecaterinei a II-a, la mijlocul secolului al XVIII-lea, să pună capăt pentru totdeauna Hetmanatelor.

STATELE UNITE

Coloniile descentralizate ale SUA au fost, în general, prospere. Terenuri din belșug, porturi excelente și un puternic spirit pionieresc au generat o lume avansată pornind de la aproape nimic. Când a fost întrebat despre toate aceste fenomene, Benjamin Franklin a formulat celebra sa remarcă:

> „Este foarte simplu. În colonii, emitem propria noastră monedă. Se numește script colonial. O emitem

> proporţional cu cererea din industrie şi comerţ, pentru a facilita transferul produselor de la producători la consumatori. În acest fel, creându-ne singuri propria monedă de hârtie, îi controlăm puterea de cumpărare, fără a fi nevoiţi să plătim dobânzi nimănui." (Benjamin Franklin, Londra, 1763)

Cu excepţia detestabilului Alexander Hamilton, părinţii fondatori ai Americii, deşi divizaţi în aproape toate celelalte chestiuni, erau de acord în privinţa băncilor. Era un domeniu detestat. Valoarea dolarului a rămas stabilă până în 1917. Cu toate acestea, ciclurile de bule şi crize de la Războiul de Secesiune, creşterea imensă a puterii federale, Primul Război Mondial şi formarea imperiului american au contribuit la pregătirea punerii în aplicare a cabalei private a Rezervei Federale în Statele Unite. (Termenul „federal" trebuie înţeles în acest caz ca fiind similar cu cel de „Federal Express").

Adevărul este că temerile anti-federaliştilor erau întemeiate: guvernul SUA de la Washington devenise extrem de puternic, arogant şi complet deconectat de la cetăţenii americani. Acesta se afla de mult timp sub influenţa unui embrion de oligarhie care a luat curând forma Fed, a Imperiului Rockefeller, a cultului Carnegie şi a stării de război testate în timpul războiului hispano-american şi în ultimele luni ale Primului Război Mondial.

Între 1914 şi 1920, preţurile au crescut cu 125%, aşa cum relatează atât de bine Goodson. Dolarul a pierdut aproape 60% din valoarea sa în şase ani. În acelaşi timp, obligaţiunile Trezoreriei federale au suferit o scădere de 20% a valorii lor, ceea ce a avut ca efect scumpirea vechilor obligaţiuni. Cu toate acestea, băncile au cerut rambursarea noilor obligaţiuni mai ieftine, ceea ce însemna, desigur, că banii erau datoraţi.

O instabilitate suplimentară a fost cauzată de creşterea vertiginoasă a preţurilor căilor ferate şi ale altor mijloace de transport. Micile exploataţii agricole, care constituiau odinioară coloana vertebrală a prosperităţii americane, au devenit treptat neviabile din punct de vedere economic, înainte de a dispărea definitiv. Ceea ce, în practică, a însemnat un transfer masiv de bogăţie de la ţară către oraşe. Producţia agricolă s-a prăbuşit cu 50%. Războiul împotriva Americii rurale fusese declarat şi încă nu se încheiase. Deficitul a fost curând acoperit de agrobusiness, lucru posibil datorită centralizării creditului care viza finanţarea unor conglomerate mai mari, considerate entităţi mai sigure decât structurile mici.

În 1927, Fed a redus ratele dobânzilor şi, astfel, a crescut masa monetară. Dar era epoca „anilor nebuni", începutul unei oligarhii la vedere, ca entitate încrezătoare şi lipsită de orice opoziţie serioasă. Aceasta înseamnă că banii erau consideraţi o valoare de sine stătătoare, separată de producţia reală. Banii se îndreptau către piaţa bursieră, decuplând cererea şi umflând preţurile. Marjele erau mărite prin îndatorare, iar raportul preţ-venit a ajuns la 50:1, adică preţul acţiunilor era cu mult superior capacităţii productive a capitalului implicat. Privit altfel, preţul acţiunilor nu avea nicio legătură cu sănătatea financiară a firmelor respective, cu productivitatea capitalului sau a muncii, nici cu valoarea adăugată rezultată.

Astfel, în 1927, piaţa bursieră americană era o impostură. Preţurile reflectau investiţiile speculative, banii uşori şi percepţia, care rămâne un mister psihiatric, că o astfel de creştere falsă ar dura pentru totdeauna. Viabilitatea financiară a firmelor nu avea nicio importanţă. În 1929, Fed a majorat ratele dobânzilor la 6%. Semnalul era clar: piaţa bursieră în ansamblu a înregistrat o scădere a valorii cu 83%. 10.000 de bănci au dat faliment, iar brokerii, care operau pe baza unor bule constituite din datorii, au fost ruinaţi.

RUSIA

Prosperitatea şi creşterea economică a Rusiei au început odată cu eliberarea iobagilor de către Alexandru al II-lea în 1861. Iobagii aflaţi sub controlul direct al statului fuseseră deja eliberaţi de ţarul Nicolae I. Aşa cum s-a întâmplat adesea, cei mai autocratici dintre monarhi au fost singurii care au avut curajul să treacă peste capul elitelor pentru a impune legi în favoarea ţăranilor. Spre deosebire de eliberarea iobagilor austrieci cu câţiva ani înainte şi de eliberarea sclavilor din sud de către Lincoln, iobagii ruşi au primit pământuri odată cu libertatea lor. Statul a despăgubit nobilimea şi, în timp, ţăranii au putut rambursa statului. Plăţile erau foarte mici, iar ţarul Nicolae al II-lea le-a anulat pe toate în 1905. Aceasta a fost doar un alt cui în sicriul nobilimii.

Iobagii ruşi nu fuseseră niciodată sclavi. Iobăgia, o reacţie la invaziile poloneze şi suedeze din secolul al XVII-lea, afectase doar ţăranii din regiunile cu pământ negru din sudul Rusiei. Ea nu existase niciodată în nord, nici în Siberia. În Rusia centrală, aceasta îi afecta doar pe iobagii care trebuiau să îndeplinească anumite sarcini în schimbul serviciilor prestate sau al bunurilor de consum. Dar, începând cu 1840, majoritatea ţăranilor plăteau chirie, ceea ce însemna că nu mai erau iobagi. Iobăgia, în Rusia, însemna de fapt garanţia pentru un ţăran de a deţine pământul necesar supravieţuirii sale şi, în acelaşi timp, garanţia unor venituri stabile, deoarece aceştia serveau direct statul, în special prin furnizarea de efective militare. Deoarece toată lumea era în serviciul tuturor, sistemul era echilibrat. Sub ţarul Paul şi mama sa, Ecaterina a II-a, nobilii au fost eliberaţi de serviciul statului, devenind astfel neputincioşi din punct de vedere politic.

Ţăranii se bucurau de o administraţie autonomă în cadrul comunelor, unde toate funcţiile erau ocupate prin alegeri. *Volostul*, sau administraţia judeţeană, era de asemenea ales, cu o reprezentare egală a tuturor claselor sociale. Sistemul judiciar la nivelul *volosturilor* şi al comunelor se baza pe exercitarea unei democraţii ţărăneşti autentice. Judecătorii comunei erau exclusiv membri ai ţăranilor, iar tribunalele *volostului* erau alcătuite din doi nobili şi doi reprezentanţi ai ţăranilor. În ansamblu, nobilimea rusă se afla într-o situaţie financiară mai proastă decât cea a ţăranilor, copleşită de datorii şi scutită de mult timp de serviciul de stat. Nu avea altceva de făcut decât să cumpere obiecte de lux occidentale peste posibilităţile sale. Comunele ţărăneşti aveau dreptul de a anula legile federale şi erau, în general, complet autosuficiente. Dacă Rusia suferea de ceva, acela era un exces de democraţie!

În 1861, *volostul* a fost înlocuit de *zemstvo*, un puternic sistem de comitate dotat cu o cameră inferioară a ţăranilor şi o cameră superioară a nobililor, de cele mai multe ori săraci. *Zemstvo* era responsabil de educație, infrastructura publică, viața ecleziastică, colectarea impozitelor și poliție. Nu exista niciun domeniu al vieții țărănești care să nu se bazeze pe democrația locală. Un „căpitan terestru", de obicei un nobil sărac, era ales pentru a media conflictele dintre țărani și nobili, iar uneori țăranii se adresau căpitanului dacă aveau vreo nemulțumire față de comună sau de autoritățile *zemstvo-ului*. Din punct de vedere politic, începând cu 1850, nobilii deveniseră neputincioși.

Astfel, eliberarea iobagilor și crearea presei libere, a *zemstvo-ului* și a unei infinități de reforme educaționale au pus capăt procesului revoluționar, acesta din urmă fiind finanțat aproape în întregime din Marea Britanie. Mâna anonimă, considerând acest lucru intolerabil, l-a asasinat pe Alexandru al II-lea în 1881. Fiul său, Alexandru al III-lea, a continuat programul de reforme inițiat de tatăl său și, fiind un om cu mână de fier și foarte hotărât, a zdrobit mișcarea revoluționară până la moartea sa, în 1894.

Țarul Alexandru al III-lea a înființat Banca Funciară a Țăranilor la începutul anului 1880, care acorda împrumuturi fără dobândă țăranilor, deoarece căuta să canalizeze investițiile pentru a le injecta în îmbunătățirea condițiilor agricole. Țarul Alexandru și ministrul său de finanțe, Nikolai Bunge, au conceput și pus în aplicare cea mai cuprinzătoare legislație a muncii din istoria europeană. Fiul său, Nicolae al II-lea, a completat-o continuu până la izbucnirea Primului Război Mondial.

> „Rușii au fost pionieri în domeniul dreptului muncii. Munca copiilor a fost abolită cu peste 100 de ani înainte de a fi interzisă în Marea Britanie, în 1867. Rusia a fost prima țară industrializată care a adoptat legi care limitau programul de lucru în fabrici și mine. Grevele, care au fost interzise în Uniunea Sovietică, erau permise, dar puțin frecvente pe vremea țarului. Drepturile sindicale au fost recunoscute în 1906, în timp ce o inspecție a muncii controla strict condițiile de muncă din fabrici. În 1912, a fost introdusă asigurarea socială. Legislația muncii era

> atât de avansată și de umană încât președintele Statelor Unite, William Taft, a declarat: „Împăratul Rusiei a promulgat o legislație a muncii mai aproape de perfecțiune decât cea a oricărei țări democratice. » Popoarele de rase diferite care trăiau în Imperiul Rus se bucurau de o egalitate de statut și de oportunități fără egal în lumea modernă. Majestatea Sa Imperială, țarul Nicolae al II-lea (1894-1917) și banca sa de stat au creat un paradis al muncitorilor fără egal în istoria umanității." (Goodson)

Nu este niciun mister aici. Împăratul german, la fel de autocrat și de „ ", a adoptat legi similare. În ambele cazuri, creșterea economică în sectoarele agricol și industrial a fost de 15% în medie. Numărul locuitorilor a explodat, iar în cazul Rusiei, țăranilor li s-au acordat gratuit terenuri și unelte noi în Siberia de Sud (nu în partea înghețată din nord), pentru a coloniza acest vast spațiu gol, de aproximativ două ori mai mare decât Statele Unite. În 1905, 90% din terenurile arabile rusești se aflau în mâinile țăranilor. Nicio altă societate industrializată nu putea rivaliza cu aceste măsuri. Țăranii cumpărau în masă pământurile nobililor, deoarece Rusia era, în același timp, complet autosuficientă. Piața sa internă acoperea aproape 99% din producția sa și nu avea nevoie de niciun bun provenit din străinătate. Tot ce a primit din Occident a fost revoluția…

Mai la sud, Georgia a cerut protecția Rusiei ca un scut împotriva vecinilor săi musulmani. Al XIII-lea Dalai Lama al Tibetului, Thubten Gyamtso, a cerut ca țarul Nicolae al II-lea să pună țara sa sub protecția Rusiei pentru a salva monarhia budistă de la înecul în opiul britanic. Mai mulți ruși au servit ca tutori ai nobililor tibetani și ai Dalai Lama însuși. Rusia era considerată salvatoarea tuturor celor care luptau împotriva imperialismului chinez și britanic.

Țarul Nicolae al II-lea a fost tentat să intre în război cu Manciuria, deoarece China ținea sub jug populația budistă din vest și pe tibetani. De asemenea, câteva milioane de musulmani se aflau sub jugul Manciuriei chineze. Rusia era numită „Salvatorul Alb", profețit de mult timp de către înțelepții chinezi. Descoperirea petrolului la Baku, în actualul

Azerbaidjan, care făcea parte la acea vreme din Imperiul Rus, nu a făcut decât să înrăutăţească lucrurile în ochii britanicilor. Dinastia Rothschild declarase război Rusiei, finanţase revoluţionarii ruşi şi, mai important, favorizase o alianţă anti-rusă.

Alianţa Rothschild a fost creată, în mare parte, ca răspuns la succesul Rusiei. Aceasta se baza pe finanţarea Turciei, a triburilor turce din sudul Rusiei, a Persiei şi, ceea ce era şi mai îngrijorător, a Japoniei. Ocuparea Balcanilor de către Turcia a primit aprobarea familiei Rothschild, deoarece, fără Turcia, statele pro-ruse precum Serbia şi Bulgaria ar fi venit să umple vidul. Presa britanică i-a felicitat pe turci pentru că s-au eliberat de „superstiţia ortodoxă" şi pentru că îi considerau pe ruşi „mongoli" ale căror „colţi" trebuiau ţinuţi departe de Balcani.

Rusia a ajutat la finanţarea Bulgariei şi a Serbiei, încercând să unifice China odată cu căderea statului Manciurian. Cu protectoratul său indirect asupra Tibetului şi adăugarea statului georgian, cultivat şi urbanizat, a început să se instaureze un echilibru instabil al puterilor între paradisul bancherilor şi paradisul muncitorilor. Din păcate, Japonia a fost o miză mai bună decât China. Rusia a susţinut Afganistanul împotriva Angliei în războiul anglo-afgan din 1879-1880, dar acest lucru nu a fost la fel de eficient ca reînarmarea Japoniei sub egida Marinei Regale.

Dacă Rusia nu ar fi participat la Primul Război Mondial, care ar fi fost rezultatul? Un scenariu realist ar arăta astfel: populaţia rusă în plină expansiune ar fi repopulat întreaga Siberie şi o parte din Asia Centrală. Rusia ar fi cucerit Balcanii şi Constantinopolul, probabil cu binecuvântarea Germaniei. Acest lucru i-ar fi permis Rusiei să ocupe cea mai mare parte a Orientului Mijlociu sau, cel puţin, să devină protectoarea ortodocşilor greci şi arabi. Germania ar fi înţeles utilitatea unei alianţe cu Rusia mai degrabă decât cu Viena. Interesele ruseşti şi germane, sistemele lor ideologice şi politice erau foarte similare. Alianţa Rusiei cu vechiul său duşman, Anglia, nu avea prea mult sens politic pentru Rusia, dar controlul expansiunii germane era prioritatea Londrei începând cu 1910-

1913. Germania şi-a dat seama că alianţa sa cu Austro-Ungaria o va obliga să ia parte la orice conflict în care s-ar implica Viena. Acest lucru nu ar fi servit intereselor germane. Performanţele militare slabe ale Austriei în timpul războiului, precum şi instabilitatea economiei sale, au fost ceea ce a forţat Germania să-şi împartă forţele militare pe două fronturi.

Noile resurse petroliere în creştere ale Rusiei, imensul său rezervor de resurse naturale, piaţa sa internă şi capitalul său industrial ar fi permis finanţarea unui protectorat asupra Chinei şi, cu siguranţă, asupra întregii Asii de Sud-Est. Cea mai mare parte a Asiei Centrale, aflată sub control chinez, s-ar fi aliniat, de asemenea, sub protecţia Rusiei, dacă nu chiar sub ocupaţia sa. Comparată cu colonialismul englez, expansiunea rusă nu a fost niciodată una de exploatare, ci de apărare.

Această piaţă, această creştere economică şi această creştere continuă a populaţiei ar fi atras celelalte puteri rămase ale lumii către Rusia. Ea ar fi fost considerată, din punct de vedere militar, de neînvins. Orientată mai degrabă spre est decât spre vest, ea nu ar fi reprezentat o ameninţare pentru echilibrul puterilor europene. O alianţă cu Germania ar fi pecetluit soarta Europei ca putere monarhică, tradiţională şi creştină. Viena s-ar fi trezit neputincioasă şi ar fi început astfel să-şi rezolve conflictele cu Germania, deoarece germanii din imperiu ar fi căutat să se apropie de ea, iar populaţia slavă s-ar fi orientat spre Rusia. O Ungarie furioasă şi expansionistă nu ar fi putut apărea niciodată, deoarece ar fi fost în război constant cu minorităţile sale, la fel de furioase.

Biserica Ortodoxă ar fi găsit un aliat voluntar în luteranismul german (monarhist) şi în mişcarea catolică veche, în creştere. Dacă Rusia şi Grecia s-ar fi alăturat acestui schism cu Biserica Romană, aşa cum era prevăzut, vechea Biserică Catolică ar fi crescut substanţial. Exista deja un interes crescând în rândul conservatorilor anglicani şi al unor luterani pentru tradiţia ortodoxă.

Cea mai mare parte a Canadei occidentale ar fi trecut sub control rus, pornind de la populaţia din Alaska, ale cărei interacţiuni pozitive cu locuitorii insulelor Aleutine transformaseră Rusia într-o prezență binevenită, mai degrabă decât imperialistă. Firmele ruse erau deja prezente în Hawaii d -ul Hawaii și ar fi protejat monarhia acesteia. SUA au finanțat răsturnarea casei regale hawaiene. Având în vedere imaginea bună a Rusiei în cea mai mare parte a Asiei, nu există niciun motiv să credem că casa regală hawaiană (și celelalte state din Pacific) nu ar fi considerat, de asemenea, beneficiul unui protector îndepărtat, dar puternic.

Imperialismul rus nu era în căutarea profitului, așa cum era cel al Imperiului Britanic. Era de natură defensivă. Populațiile native erau, de obicei, bine tratate și, la fel ca în cazul armenilor și al musulmanilor din Asia, nu au fost niciodată forțate să se convertească la ortodoxie sau să vorbească limba rusă. Ele juraseră credință țarului și Coranului. Poloniei i s-a acordat una dintre cele mai liberale constituții din lume, iar Finlanda, o altă colonie a Rusiei, rămânea complet independentă, cu excepția politicii externe. Astfel, nu există niciun motiv să se pretindă că domnia imperială rusă ar fi putut fi obiectul vreunui resentiment, nici măcar să fie considerată o „dominație" în sensul propriu al cuvântului.

Astăzi, acest lucru pare o fantezie greu de conceput. Dar, pentru o perioadă, înainte de masacrul Primului Război Mondial, era considerat o realitate viabilă la Sankt Petersburg și la Londra. Goodson oferă o imagine de ansamblu asupra modului în care acest lucru ar fi fost posibil:

> „La 12 iunie 1860, Banca de Stat a Imperiului Rus a fost fondată cu scopul de a stimula veniturile comerciale și de a consolida sistemul monetar. Până în 1894, aceasta era doar o instituție auxiliară sub controlul direct al Ministerului Finanțelor. În acel an, a fost transformată în bancherul bancherilor și a devenit instrumentul politicii economice a guvernului. Ea bătea și tipărea monedele și bancnotele națiunii, regla masa monetară și, prin rețeaua băncilor comerciale, furniza industriei și comerțului credite cu dobândă redusă." (Goodson despre Alexandru al II-lea)

Oponenții Pax Russica nu stăteau cu mâinile în sân. Sankt

Petersburg era, în ciuda tuturor problemelor sale, un nucleu dur care nu putea fi distrus de regimul bancar. Dacă Rusia își continua dezvoltarea masivă, creșterea populației și industrializarea, cămătăria ar fi fost distrusă. Statul rus, mai mult decât capitalul privat, planifica și dirija investițiile pe baza fondurilor locale. Francezii constituiau singura prezență străină substanțială în industria rusă. Dacă aceasta urma să fie înlocuită de proiecte de cooperare ruso-germane, camăta ar fi fost grav amenințată. Trebuiau luate măsuri. Pentru a oferi cititorului o idee despre ce ar fi putut fi acestea, Goodson citează discursul membrului Congresului L. T. McFadden în Camera Reprezentanților din 1932:

> „Ei [bancherii «europeni»] au finanțat mitingurile de masă ale lui Troțki la New York, pentru a răspândi nemulțumirea și rebeliunea. Au plătit călătoria lui Troțki de la New York până în Rusia, pentru ca acesta să poată participa la distrugerea Imperiului Rus. Ei au instigat și provocat Revoluția Rusă și au pus la dispoziția lui Troțki sume considerabile într-una dintre sucursalele lor bancare din Suedia, pentru ca, prin intermediul lui, familiile rusești să fie complet distruse și copiii ruși să fie separați de protectorii lor naturali. De atunci, au început operațiunea de distrugere a familiilor americane și de dispersare a copiilor americani."

McFadden a fost redus la tăcere. La fel și domnul Goodson. Autorul a pierdut un post universitar. Nu există subiect mai sensibil decât camăta, deoarece nicio putere nu se poate compara cu cea a dobânzilor compuse. Stânga este o emanație a băncilor, la fel și cea mai mare parte a „dreptului" neoconservator. Monarhia a fost răsturnată de aceste interese și înlocuită de o oligarhie mondială, care controlează, potrivit surselor, până la 80% din PIB-ul mondial. Desigur, toate acestea există în numele libertății, al progresului și al democrației.

Am început acest lung eseu cu conceptul de camătă și cu faptul că sectorul bancar occidental se simte foarte confortabil cu statismul de stâng. Am analizat problema în detaliu, explicând de ce și cum a luat naștere această alianță demonică. Ea este încă de actualitate și nu se confruntă cu aproape nicio opoziție. Cu toate acestea, există reacții, deși vagi, împotriva monopolizării progresive a bogăției și a muncii.

Goodson nu încheie pe o notă negativă. El își încheie demonstrația cu o scurtă prezentare a situației din Dakota de Nord. De parcă cititorul ar avea nevoie de dovezi suplimentare privind tendințele distructive ale cametei și ale sistemului de rezerve fracționare. Dakota de Nord a înființat o bancă de stat în care sunt depuse veniturile statului. Aceasta acordă împrumuturi cu rate de dobândă foarte mici fermierilor și întreprinderilor mici. Toate profiturile sunt returnate statului. Fără această practică a dobânzilor compuse facturate cetățenilor, Dakota de Nord nu a fost afectată de criza imobiliară din 2007. PIB-ul statului a crescut cu aproape 100% din 1997, în timp ce venitul pe gospodărie a crescut în același timp cu 140%.

În timp ce mass-media a susținut ideea că succesul statului Dakota de Nord se datorează exclusiv micii sale industrii petroliere, acest tip de dezvoltare nu s-a produs cu siguranță în Alaska, care dispune totuși de mult mai multe resurse de hidrocarburi decât Dakota de Nord. Nigeria se îneacă în petrol și, cu toate acestea, rămâne o țară săracă. Somalia și Ciadul sunt, de asemenea, dotate cu râuri de petrol, la fel ca Indonezia și Birmania, dar toate aceste state sunt la fel de sărace. Aparent, petrolul nu aduce beneficii decât statului Dakota de Nord și locuitorilor din Beverly Hills.[315]

Principalul punct forte al cărții lui Goodson este, într-adevăr, relevanța sa. El susține o teză: acolo unde o bancă de stat conduce universul financiar al unei economii, acea economie prosperă. Analiza sa asupra Germaniei anilor 1930, a Italiei de la începutul secolului al XX-lea, precum și a Japoniei, prezintă toate aceste țări sub egida băncilor controlate de stat, a ratelor scăzute ale dobânzii, a investițiilor de stat și a unui dispreț general față de liberul schimb libertarian. Acest sistem a permis acestor țări să înregistreze rate de creștere de trei cifre, o rată a șomajului inexistentă și o inflație apropiată de zero. În

[315] N.D.T. Aluzie la un celebru serial de televiziune de peste Atlantic.

prezent, China, Taiwan şi Belarus sunt cele mai bune exemple în acest sens.

Belarus, la fel ca Ucraina şi Rusia, a început să se degradeze când FMI şi Universitatea Harvard au ajutat acest sistem mafiot să încheie acorduri de privatizare, care au ajuns să-l oblige pe unul dintre preşedinţii lor, Alexander Lukaşenko, să oprească privatizările, să centralizeze puterea şi să naţionalizeze sectorul financiar. În timp ce Ucraina actuală a pierdut 70% din industria sa şi vede 80% din populaţia sa educată scufundându-se sub pragul sărăciei, rata şomajului din Belarus este de 1%, iar industria sa înregistrează o rată de creştere anuală de 10% din 2000. La fel se întâmplă şi în cazul celor două Chine: când George Soros a provocat cele două crize monetare din 1997, singurele două economii neafectate au fost cele care dispuneau de bănci controlate de stat, şi anume Taiwanul şi China. Foste puteri precum Coreea de Sud şi Japonia, precum şi Thailanda, au devenit pioni oficiali ai FMI. Sistemul lor de locuri de muncă garantate pe viaţă a fost eliminat, iar nivelul lor de trai s-a prăbuşit.

Înainte de războiul care le-a devastat statele respective, Libia şi Siria înregistrau, de asemenea, o creştere anuală de două cifre, aveau preşedinţi populari şi ambele ţări erau aproape de a atinge statutul de ţări dezvoltate. Ambele ţări dispuneau de bănci controlate de stat şi de investiţii productive conduse de stat. Statul era un partener în cadrul investiţiilor strategice, şi nu o ramificaţie a acestora. Irakul lui Saddam Hussein făcea exact acelaşi lucru până când SUA i-au declarat război.

Banca de stat din Birmania se află sub controlul Ministerului Finanţelor, condus de generalul-maior Hla Tun, care a beneficiat de o pregătire financiară occidentală. Adjunctul său este colonelul Hle Swe. Birmanezii nu lasă nicio şansă manipulării străine a monedei lor. Solul birmanez, bogat în rezerve de petrol şi minerale, legăturile Birmaniei cu China şi nivelul ridicat de educaţie al populaţiei sale o transformă din ce în ce mai mult într-o ţintă pentru speculaţiile occidentale şi atacurile politice ale acestora. În ciuda războiului civil, a sancţiunilor occidentale şi a mişcărilor separatiste, ţara a reuşit totuşi să construiască 10 universităţi, câteva zeci de baraje, să crească nivelul de alfabetizare la 80% și să se asigure că țăranii dețin propriile lor terenuri încă din 1999. Dacă cititorul a recunoscut în aceasta un anumit model economic, are cu siguranță dreptate.

Lucrările lui Goodson nu sunt lipsite de defecte. Cu toate acestea, erorile sale sunt minore. El susține că Gavrilo Princip era evreu și că asasinarea arhiducelui Ferdinand de către acesta a provocat Primul Război Mondial. Princip nu era bănuit că ar fi evreu, mai ales pentru că provenea din adâncul Bosniei de Vest, din sărmanul sat țărănesc Obljaj, un loc complet rural și inaccesibil. Era copilul unor țărani săraci de origine bosno-sârbă. Numele de fată al mamei sale era unul foarte ortodox: Misic. Nici tatăl, nici mama sa nu purtau nume evreiești, iar slujba modestă a tatălui său la poștă nu indică deloc apartenența la un mediu „bancar elitist". Princip făcea parte din mișcarea „Tânăra Bosnie", vag legată de societatea militară „Mâna Neagră", cunoscută și sub numele de „Uniunea sau Moartea". Era vorba de o organizație naționalistă compusă din membri paramilitari, care nu avea nicio legătură cu puținii evrei care trăiau în Serbia la acea vreme. Familia sa extinsă poartă numele de Jovicevic, originară din Muntenegru, unde se găsesc foarte puțini evrei.

Asasinarea lui Ferdinand nu a declanșat Primul Război Mondial. Serbia a acceptat cererile Vienei după asasinat, iar Germania s-a arătat, la rândul său, impresionată de dorința Serbiei de a menține pacea. Serbia era complet epuizată de războaiele balcanice și nu mai voia să lupte. În plus, alegerea țintei nu avea niciun sens; Ferdinand era mai mult sau mai puțin popular printre slavii din sud, deoarece era considerat cel mai pro-serb d i din familia regală. Austria, pe de altă parte, căuta un *casus belli* încă de la rebeliunea locală împotriva ocupației sale din Bosnia și crearea artificială a „statului Albania", care servea la amputarea Serbiei de litoralul său și o menținea separată de Muntenegru.

Circumstanțele vizitei Marelui Duce au fost ciudate. Ferdinand vizita Serbia și Bosnia în ziua sărbătorii naționale sârbe, *Vidovdan,* când atmosfera naționalistă era la apogeu. A fost, de asemenea, începutul unor manevre militare extrem de belicoase. Ferdinand nu dispunea de un dispozitiv de securitate corespunzător unei vizite regale pe teritoriu ostil. Traseul convoiului lui Ferdinand a fost deviat în mod inexplicabil de propriul său personal austriac, acolo unde Princip şi alţii îl aşteptau. Cu toate acestea, spre marea regretare a Germaniei, chiar înainte de a fi primit răspunsul sârb la ultimatumul austriac, Viena declarase deja război.

Aceste două erori au o incidenţă redusă, dar sunt comune şi de înţeles şi trebuiau subliniate. Acest lucru nu diminuează în niciun fel accesibilitatea şi utilitatea imensă a cărţii sale, care merită o largă difuzare. Din toate aceste motive, aprob din toată inima lucrarea domnului Goodson.

Matthew Johnson, doctor
Fayetteville, Pennsylvania

RECENZIE DE TOM SUNIC

În conştiinţa populară europeană, banii au fost întotdeauna asociaţi cu ceva murdar, ceva criminal, ceva care nu era demn de omul european, un lucru care era apreciat doar de un popor străin, îndepărtat şi secret. Din antichitate până în epoca postmodernă, s-au scris tone de cărţi despre blestemul banilor şi al aurului blestemat. Trebuie să ne amintim de regele Cresus sau de blestemul regelui Midas, sau să ne gândim la masacrul generalizat din saga medievală a Nibelungilor, a cărei poveste se învârte în jurul aurului ascuns în Rin şi a suferinţei cauzate de acest aur.

Aşa cum ne reaminteşte Goodson în cartea sa, obsesia pentru moneda virtuală şi practica cametei, precum şi rolul aurului, nu şi-au pierdut astăzi nimic din caracterul lor mortal. De fapt, multe tranzacţii financiare moderne şi numeroase practici economice mondiale frauduloase, stârnite de această sete de aur, au devenit chiar şi mai mortale, ameninţând de data aceasta nu doar supravieţuirea civilizaţiei occidentale, ci a întregii umanităţi.

În primul rând, trebuie stabilit clar că Goodson nu este un adept al teoriilor conspiraţioniste, nici unul dintre acei intelectuali care aruncă oprobiu asupra evreilor, a căror proză adesea provoacă mai mult rău decât oferă clarificări cititorului care doreşte să se documenteze cu privire la natura fictivă a monedei şi a creatorilor ei mult mai puţin fictivi. Din toate aceste motive, Goodson poate invoca referinţele sale incontestabile cu privire la subiectul analizat în această lucrare. El a fost membru al Consiliului de Administraţie al SARB (South African Reserve Bank), având o lungă experienţă în domeniul bancar, sau, pentru a o spune într-un mod mai puţin pudic, a fost un observator privilegiat al operaţiunilor financiare dintre iniţiaţi. Cum este posibil ca în aşa-zisa noastră lume democratică ideală, o lume care se mândreşte cu transparenţă şi libertate judiciară, majoritatea cetăţenilor să nu aibă nici cea mai mică idee despre cine sunt acţionarii „ ” ai principalelor bănci centrale, precum Rezerva Federală din Statele Unite şi multe altele din întreaga lume? Goodson demonstrează prin fapte modul în care Rezerva Federală americană nu are nimic de-a face cu statul sau cu sensul democrației în Statele Unite, ci se află, de fapt, în întregime în serviciul unei corporații anonime, un sindicat al crimei compus din finanțiști atotputernici. Cu siguranță nu este o coincidență faptul că, de la explozia așa-numitei bule imobiliare din SUA în 2008, nici o singură instituție bancară majoră, fie că este vorba de Goldman Sachs sau J. P. Morgan, nu a fost trasă la răspundere pentru tipărirea de bani falși sau acordarea de împrumuturi absurde. Se poate spune că toți și-au spălat mâinile.

Din cartea lui Goodson transpare o cunoaștere remarcabilă a circumstanțelor politice și sociale din Roma antică, din Anglia lui Cromwell sau din Germania de la Weimar. Astfel, această lucrare nu poate fi pur și simplu respinsă ca un simplu pamflet antisemit. Tocmai tonul imparțial al lui Goodson, care parcurge diferite perioade istorice, face din această carte nu doar o lucrare erudită, ci și o lectură revigorantă pentru un novice care dorește să afle mai multe despre mistica monetară.

Cămătăria pare să fi fost dintotdeauna în centrul revoltelor sociale și al războaielor. Roma antică a suferit de multe ori consecințele acesteia, ceea ce a dus în cele din urmă la căderea sa. Goodson descrie reformele economice și sociale ale lui Cezar, omul de stat, instituirea primului sistem de protecție socială, eliminarea chiriei pentru mulți cetățeni romani aflați în dificultate și, în cele din urmă, interzicerea perceperii de dobânzi pentru un împrumut deja existent. Imperiul Roman a cunoscut o scurtă perioadă de înflorire. Cu toate acestea, mulți aristocrați nu puteau tolera mărinimia lui Cezar față de săraci și au decis să-l ucidă. Cămătarii, dintre care majoritatea erau străini de origine evreiască, alături de lacheii lor servili neevrei, par să fi fost motorul care a dus la această corupție și la declinul civilizației occidentale.

Un model similar de creștere economică și declin poate fi observat în timpul redactării și adoptării celebrei Magna Carta în Anglia medievală, al cărei scop principal era acela de a limita jugul primilor cămătari evrei și de a aboli camăta. Într-adevăr, câteva decenii mai târziu, în 1290, punerea în aplicare a fost urmată de expulzarea evreilor din Anglia. Un cititor atent s-ar putea întreba de ce atât de mulți autori clasici, precum și numeroși cetățeni obișnuiți și analfabeți, au dat mereu vina, de-a lungul timpului, pe evrei pentru toate relele socio-economice și de ce evreii au fost atât de des victime ale persecuțiilor sălbatice? Departe de a se angaja pe calea discursului de ură sau defăimător față de evrei, autorul documentează cu exactitate procentul disproporționat de evrei care se dedicau activității de cămătari, un detaliu care a contribuit istoric la destinul lor tragic.

Autorul nu ocolește deloc puterea noilor curente teologice și politice, în special apariția calvinismului și nașterea unei mentalități noi în cursul secolelor al XVI-lea și al XVII-lea în Europa, precum și pe formatorii de opinie și politicienii americani. Învățăturile lui Calvin despre predestinare și importanța rolului social pe care îl atribuia negustorilor au avut un impact enorm asupra vieții politice din Europa și din America nou descoperită. Negustorul și cămătarul au devenit, într-un anumit fel, noile modele în materie de politică și finanțe, oameni al căror comportament trebuia imitat și folosit ca un superego de către neamurile. Această imitare a evreilor de către neevrei, prin intermediul calvinismului original și al puritanismului, s-a răspândit rapid, mai întâi în America capitalistă și mai târziu, în special după cel de-al Doilea Război Mondial, în Europa continentală. Goodson arată cum revoluționarul englez calvinist fanatic Oliver Cromwell se considera „alesul", și nu doar un simplu Shabbat goy. La scurt timp după decapitarea regelui Carol I, Cromwell a redeschis porțile Angliei pentru a-i primi cu căldură pe evrei.

Autorul pare, de asemenea, să arunce o lumină interesantă asupra nivelului de trai al oamenilor obișnuiți din Anglia medievală, o țară a cărei calitate a vieții era, sub multe aspecte, cu mult superioară celei din societățile noastre moderne. În secolele al XIV-lea și al XV-lea, oamenii de rând lucrau mai puțin de 14 săptămâni pe an. Dacă trebuie să judecăm calitatea vieții și fericirea după numărul de prize electrice și suma din contul nostru bancar, nu vom fi niciodată capabili să înțelegem adevăratul sens al fericirii. În multe cazuri, însă, așa-zisa epocă întunecată a Angliei și a Europei continentale pare mult mai luminoasă decât propria noastră epocă întunecată actuală. Cea mai mare parte a arhitecturii din acea epocă era expresia directă a bucuriei populare, unde căutarea transcendenței spirituale era mult mai căutată decât fericirea efemeră a sistemului modern în care acumularea de bani a devenit o nouă religie laică.

Apoi au venit veștile proaste. În 1694 a fost înființată Banca Angliei, modelul după care au fost create toate celelalte bănci centrale din Europa și, mai târziu, din Statele Unite. La scurt timp după aceea a început ceea ce istoricii moderni numesc „modernitate", ceea ce înseamnă, de fapt, aservirea popoarelor. Finanțiștii englezi nu au apreciat faptul că primele colonii americane au emis propria monedă și au manifestat ostilitate față de Banca Angliei. Încercarea Angliei de a desființa moneda americană a fost, de asemenea, una dintre cauzele majore ale Revoluției Americane. În mare măsură, prosperitatea de care s-a bucurat America în secolul al XIX-lea s-a datorat tocmai absenței unei bănci centrale. Nu trebuie să uităm niciodată, așa cum ne reamintește autorul, că campania prezidențială a lui Andrew Jackson a fost condusă sub sloganul: „VOTAȚI-L PE ANDREW JACKSON, FĂRĂ BANCĂ! " Anul de rău augur pentru SUA, precum și pentru întreaga lume, a fost cel al creării Băncii Rezervei Federale în 1913, care a precipitat indirect lumea occidentală în cele două războaie mondiale care au urmat, apoi în alte o sută de războaie locale din întreaga lume.

Situația nu este mai roz nici pentru cetățenii americani. Deși din 1919 au devenit cetățenii invidiați ai unei superputeri mondiale, în 2014 datoria publică a crescut de la 2,6 miliarde de dolari la 17,5 trilioane de dolari. Nimeni nu vrea să o declare public, dar majoritatea americanilor și a cetățenilor occidentali nu trăiesc o viață pe credit, ci mai degrabă se luptă și vegetează, plătindu-și propria moarte prin rate lunare. Momentul marelui colaps și al sfârșitului rasei albe este, fără îndoială, la un pas.

Autorul descrie monede fiduciare similare și diferite forme de practici bancare în vigoare în alte părți ale Europei, precum și apariția Rusiei bolșevice, finanțată în mare parte de bancherii evrei din New York. Meritul acestei cărți este că nu privește mediul bancar dintr-o perspectivă pur maniheistă, ci caută întotdeauna nuanțele dintre cele două. Este lăudabil faptul că Goodson menționează, de asemenea, economistul german Gottfried Feder, care a fost el însuși unul dintre cei mai virulenți critici ai cametei și ai dobânzilor compuse în Germania Weimarului. Problema cu „Feder" este că acest renumit economist a fost, pentru o perioadă, afiliat național-socialismului, ceea ce poate provoca strâmbături de nas și ridicări de sprâncene la unii, chiar și printre cei mai imparțiali cititori ai lucrării lui Goodson. Cum putem astăzi, în mediul nostru de cenzură universitară și corectitudine politică, să extragem ceva pozitiv de la un savant național-socialist? Național-socialismul fiind astăzi descris oficial ca simbolul răului absolut, nu trebuie să conțină niciodată ceva care să poată fi acceptat ca fiind relativ bun – nici măcar în domenii apolitice precum sportul, ecologia sau, cu atât mai puțin, economia. Feder și-a desfășurat cercetările bazându-se pe studiul reparațiilor de război impuse Germaniei de la Weimar de către tabăra învingătoare din Primul Război Mondial. El ajunsese la concluzia că plata dobânzilor compuse ar sărăci cetățenii și ar provoca șomaj în masă. Învățămintele lui Feder se aplică perfect epocii actuale, mai ales d, dacă dorim să ne gândim la posibile soluții pentru a rezolva problema datoriilor suverane enorme ale tuturor țărilor occidentale.

Într-o notă ceva mai puțin pesimistă, autorul menționează succesul incredibil al statului american Dakota de Nord, a cărui bancă i-a permis să devină cel mai dinamic stat cu cea mai scăzută rată a șomajului din Statele Unite. Rămâne de văzut cum va traversa Dakota de Nord furtuna care se anunță. Atâta timp cât mediul academic oficial și mass-media vor evita să menționeze rădăcina problemei haosului financiar care se anunță, SUA, precum și sateliții săi europeni, nu vor face decât să treacă de la un dezastru la altul.

Dr. Tomislav Sunic
Zagreb, Croația

BIBLIOGRAFIE[316]

D.J. Amos, *The Story of the Commonwealth Bank*, Veritas Publishing Company Pty Ltd, Bullsbrook, Australia de Vest, 1986.

A.N. Andreadēs, *History of the Bank of England*, P.S. King & Son Ltd, Londra, 1935.

H.C. Armstrong, *Grey Steel J.C. Smuts A Study in Arrogance*, Arthur Barkers Ltd, Londra, 1937.

D. Astle, *The Babylonian Woe*, Omnia Veritas Ltd, 2015.

D. Astle, *The Tallies, A Tangled Tale and The Beginning and the Ending*, Ediţie privată, Toronto, 1997.

P.T. Bauer, *Equality, and the Third World, and Economic Delusion*, Harvard University Press, Cambridge, Massachusetts, 1981.

I. Benson, *The Zionist Factor*, The Noontide Press, Costa Mesa, California, 1992.

K. Bolton, *The Banking Swindle - Money Creation and the State*, Black House Publishing Ltd, Londra, 2013.

W.D. Bowman, *Povestea Băncii Angliei*, Herbert Jenkins Ltd, Londra, 1937.

E. H. Brown, *Pânza datoriei, Adevărul şocant despre sistemul nostru monetar şi cum ne putem elibera*, Third Millenium Press, Baton Rouge, Louisiana, 2008.

G. Buchanan, *My Mission to Russia and other Diplomatic Memories*, Cassell and Company Limited, Londra, 1923.

H.S. Chamberlain, *The Foundations of the Nineteenth Century*, The Bodley Head, Londra 1912, Vol. II.

K. Chazan, *The Jews of Medieval Western Christendom 1000-1500*,

[316] Nota editorului: Majoritatea referinţelor citate aici sunt lucrări în limba engleză, cu excepţia cazurilor în care există o versiune în limba franceză, precedată, dacă este cazul, de un asterisc.

Cambridge University, New York, 2008.

A. Cherep-Spiridovich, *The Secret World Government or „The Hidden Hand"*, The Ant-Bolshevist Publishing Association, New York, 1926.

O.P. Chitwood, *John Tyler, campionul Vechiului Sud*, Russell & Russell, 1964.

W.S. Churchill, *Pas cu pas, 1936-1939*, Odhams Press, Londra.

W.S. Churchill, *Al Doilea Război Mondial, Furtuna care se adună, Vol. I*, Cassell & Co. Ltd, Londra, 1948.

G.M. Coogan, *Money Creators, Who Creates Money? Who Should Create It?*, Omni Publications, Hawthorne, California, 1963.

I.M. Cumpston, *Lord Bruce of Melbourne*, Longman Cheshire, Melbourne, 1989.

W. Cunningham, *Creşterea industriei şi comerţului englez în Evul Mediu timpuriu şi mijlociu*, Cambridge University Press, ediţia a 3-a, 1896.

*L. Degrelle, *Hitler né à Versailles*, Vol. I din Siècle d'Hitler, Art Et Histoire De L'Europe (1987).

A.J de Grund, *Italia fascistă şi Germania nazistă: „Stilul fascist de guvernare"*, Routledge, Londra, 2004.

F. W. de Klerk, *Die laaste trek – 'n nuwe begin Die Outobiografie*, Human & Rousseau, Cape Town, 1998.

A. Del Mar, *Istoria banilor în America de la cele mai vechi timpuri până la adoptarea Constituţiei*, Omni Publications, Hawthorne, California, 1936.

A. Del Mar, *Banii şi civilizaţia: sau o istorie a legilor şi sistemelor monetare ale diverselor state de la Evul Mediu şi influenţa lor asupra civilizaţiei*, Omni Publications, Hawthorne, California, 1975.

E. de Maré, *O chestiune de viaţă sau de datorie*, Humane World Community, Inc., Onalaska, Washington, 1991.

R.E. Elletson, *Parametrii monetari: un studiu de caz al celui de-al Treilea Reich*, Christian International Publications, Wilson, Wyoming, 1982.

S. Fay, *Portretul unei bătrâne*, Penguin, Londra, 1987.

G. Feder, *Programul NSDAP, Partidul Național-Socialist al Muncitorilor Germani și concepțiile sale generale*, tradus de E.T.S. Dugdale, Fritz Eher Verlag, München, 1932.

N. Ferguson, *Casa Rothschild, Profeții banilor 1798-1848*, vol. 1 și vol. 2, Penguin Books, Londra, 1999.

G. Ferrero, *Măreția și declinul Imperiului Roman*, vol. VI, William Heinemann Ltd, Londra, 1908.

A.N. Field, *Adevărul despre criză – Ce nu spun niciodată știrile*, Ediție privată, Nelson, Noua Zeelandă, 1935.

A.N. Field, *All These Things*, Omni Publications, Hawthorne, California, 1936.

*N.G. Finkelstein, *Industria Holocaustului: reflecții asupra exploatării suferinței evreilor*, La Fabrique 2001.

I.N. Fisher, *Stamp Scrip*, Adelphi Publishers, New York, 1933.

J.K. Galbraith, *The Age of Uncertainty*, Houghton Mifflin, Boston, 1977.

T.H. Goddard, *Istoria instituțiilor bancare din Europa și Statele Unite*, H.C. Sleight, New York, 1831.

R. Gollam, *The Commonwealth Bank of Australia: Origins and Early History*, Australian National University Press, Canberra, 1968.

O. și J. Grubiak, *The Guernsey Experiment*, Distributionist Books, Londra, 1992.

A. Hitler, *Mon Combat-Mein Kampf*, Omnia Veritas Ltd.

Hitler's Table Talk, compilat de M. Bormann, Ostera Publications, 2012.

Raportul Hoek al prof. Piet Hoek către dr. H.F. Verwoerd, 1965.

D.L. Hoggan, *Războiul forțat: Când revizuirea pașnică a eșuat*, Institutul pentru Revizuirea Istorică, Costa Mesa, California, 1989.

E. Holloway, *Cum a învins Guernsey bancherii*, Economic Reform Club & Institute, Londra, 1958.

R.K. Hoskins, *Cicluri de război – Cicluri de pace*, The Virginian Publishing Company, Lynchburg, Virginia, 1985.

Inconvenient History, Volumul V, 2013, HBB Press, San Ysidro, California, 2013.

F.J. Irsigler, *În a șaptea zi au creat inflația*, Wynberg, Cape, Africa de Sud, 1980.

D. Irving, *Războiul lui Churchill, Lupta pentru putere*, Veritas Publishing Company Pty Ltd, Bullsbrook, Australia de Vest, 1987.

D. Irving, *The War Path: Hitler's Germany 1933-1939*, Macmillan, Londra, 1978.

D. Irving, *Nuremberg The Last Battle*, Focal Point Publishers, Londra, 1996.

Money and Banking in Japan, Departamentul de Cercetare Economică al Băncii Japoniei, tradus de S. Nishimura, editat de L.S. Presnell, Macmillan, Londra, 1973.

E.M. Josephson, *Conspirația Rezervei „Federale" și familia Rockefeller*, Chedney Press, New York, 1968.

H.S. Kenan, *The Federal Reserve Bank*, The Noontide Press, Los Angeles, 1968.

A. Kitson, *Un standard fraudulos*, Omni Publications, Hawthorne, California, 1972.

G. Knupffer, *The Struggle for World Power, Revolution and Counter-Revolution*, The Plain-Speaker Publishing Company, Londra, 1971.

J.M. Landowsky, *Red Symphony*, tradus de G. Knupffer, www.archive.org/details/RedSymphony

**La Symphonie Rouge*, Omnia Veritas Ltd, 2015. www.omnia-veritas.com

The Letters of T.E. Lawrence, editat de D. Garnett, Jonathan Cape, Londra, 1938.

C.A. Lindbergh, *The Economic Pinch (Lindbergh on the Federal Reserve)*, The Noontide Press, Costa Mesa, California, 1989.

F. Leuchter, *Raportul Leuchter: Sfârșitul unui mit, Un raport tehnic privind presupusele camere de gazare de la Auschwitz Birkenau și Majdanek, Polonia*, David Clark, 1988.

D. Marsh, *The Bundesbank: The Bank That Rules Europe*, William Heinemann Ltd, Londra, 1992.

„Discursuri colective ale congresmanului Louis T. McFadden", Omni Publications, Hawthorne, California, 1970.

S. McIntyre, *O istorie succintă a Australiei*, Cambridge University Press, Melbourne, 2009.

N. Mühlen, *Hitler's Magician: Schacht The Life and Loans of Dr Hjalmar Schacht*, trad., E.W. Dicks, George Routledge & Sons Ltd, Londra, 1938.

*E. Mullins, *Secretele Rezervei Federale*, Le Retour aux Sources, 2010.

C.S. & R.L. Norburn, *Un nou sistem monetar – Cel mai mare pas al omenirii*, Omni Publications, Hawthorne, California, 1972.

*J. Perkins, *Mărturisirile unui asasin financiar*, Alterre, 2005.

E.N. Peterson, *Hjalmar Schacht: pentru și împotriva lui Hitler: Un studiu politico-economic al Germaniei, 1923-1945*, The Christopher Publishing House, Boston, 1954.

„Ezra Pound Speaking" Radio Speeches of World War II, Editat de L.W. Doob, Greenwood Press, Westport, Connecticut, 1978.

P.J. Pretorius, *Volksverraad, Die Geskiedenis agter die Geskiedenis*, O istorie a băncilor centrale, Libanon-Uitgewers, Mosselbaai, Western Cape, Africa de Sud, 1996.

**Protocoalele înțelepților din Sion*, Deterna, 2010.

*Muammar Al-Gaddafi, *Cartea Verde*, Hadès Éditions, Rouen, 2015. www.hadeseditions.com

C. Quigley, *Tragedy and Hope A History of the World in Our Time*, The Macmillan Company, New York, 1966.

A.H.M. Ramsay, *Războiul fără nume*, Omnia Veritas Ltd. 2014.

R.V. Remini, *Andrew Jackson*, Twyne Publishers Inc., New York, 1966.

J. Robison, *Dovezi ale unei conspirații împotriva tuturor religiilor și guvernelor Europei, desfășurată în cadrul reuniunilor secrete ale francmasonilor, iluminaților și societăților de lectură, colectate de la surse de încredere*, Western Islands, Belmont, Massachusetts, 1967.

J.E.T Rogers, *Primii nouă ani ai Băncii Angliei*, Clarendon Press, Oxford, 1887.

A. Rosenberg, *Mitul secolului al XX-lea*, The Noontide Press, Torrance, California, 1982.

G. Rudolf, *Analiza Holocaustului: Critica tot mai intensă a „adevărului" și a „memoriei"* (Seria Holocaust Handbooks 1), Theses & Dissertations Press, ediția a II-a revizuită, 2003.

J. Ryan-Collins, T. Greenham, R. Werner, A. Jackson, *De unde vin banii, un ghid al sistemului monetar și bancar din Marea Britanie*, New Foundation, Londra, 2012.

R.S. Sayers, *Banca Angliei 1891-1944*, Cambridge University Press, 1976.

R.E. Search, *Lincoln Money Martyred*, Omni Publications, Palmdale, California, 1989.

W.G. Simpson, *Which Way Western Man?*, Yeoman Press, Cooperstown, New York, 1978.

F. Soddy, *Avuție, avuție virtuală și datorii*, G. Allen & Unwin, Londra, 1933.

*O. Spengler, *Declinul Occidentului*, Gallimard, Paris, 1948.

H. Strakosch, *The South African Currency and Exchange Problem*, Johannesburg, Central News Agency Limited, 1920.

J.G. Stuart, *The Money Bomb*, William Maclellan (Embryo) Limited, Glasgow, 1984.

*A.C. Sutton, *Wall Street și Revoluția bolșevică*, Le Retour aux Sources, 2010.

I. Tarbell, *A Short Life of Napoleon*, S. S. McClure Limited, New York, 1895.

A.J.P. Taylor, *The Origins of the Second World War*, Hamish Hamilton, Londra, 1961.

H.A. Thomas, *Munca stocată: O nouă teorie a banilor*, 1991.

G.M. Trevelyan, *Istoria socială engleză, o privire de ansamblu asupra a șase secole, de la Chaucer la regina Victoria*, Longmans Green and Co., Londra, 1948.

Verheimlichte Dokumente – Ce li se ascunde germanilor, Fz-Verlag, München, 1993.

L. Villari, *Politica externă italiană sub Mussolini*, Holborn Publishing Ltd, Londra, 1959.

M. Walsh, *Martor al istoriei*, Historical Review Press, Uckfield,

Sussex, 1996.

T.E. Watson, *Schițe din istoria Romei*, The Barnes Review, Washington, DC, 2011.

N.H. Webster, *Revoluția Franceză*, The Noontide Press, Costa Mesa, California, 1982.

J. Weitz, *Hitler's Banker Hjalmar Horace Greely Schacht*, Little, Brown and Company, Londra, 1999.

R.G. Werner, *Prinții Yenului*, M.E. Sharpe, New York, 2003.

R. McNair Wilson, *Monarhia sau puterea banilor*, Eyre & Spottiswoode, Londra, 1934.

*F.P. Yockey, *Imperium*, Omnia Veritas Ltd.

CUPRINS

ALTE TITLURI

OMNIA VERITAS
OMNIA VERITAS LTD PREZINTĂ:
JOHN COLEMAN
DIPLOMAȚIA PRIN ÎNȘELĂCIUNE
O RELATARE A COMPORTAMENTULUI TRĂDĂTOR AL GUVERNELOR MARII BRITANII ȘI STATELOR UNITE
Istoria înființării Organizației Națiunilor Unite este un exemplu clasic de diplomație a înșelăciunii.

OMNIA VERITAS
OMNIA VERITAS LTD PREZINTĂ:
JOHN COLEMAN
FRANCMASONERIA
de la A la Z
FRANCMASONERIA
de la A la Z
John Coleman
În secolul XXI, masoneria a devenit mai puțin o lojă secretă și mai mult o „societate a misterelor".
Această carte explică ce este masoneria

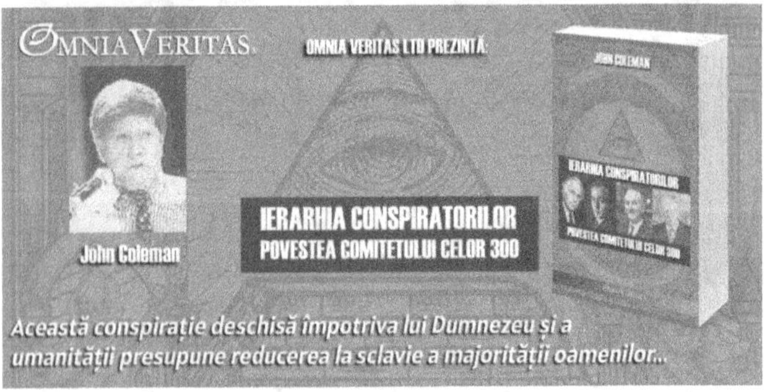
OMNIA VERITAS
OMNIA VERITAS LTD PREZINTĂ:
JOHN COLEMAN
John Coleman
IERARHIA CONSPIRATORILOR
POVESTEA COMITETULUI CELOR 300
Această conspirație deschisă împotriva lui Dumnezeu și a umanității presupune reducerea la sclavie a majorității oamenilor...

OMNIA VERITAS
OMNIA VERITAS LTD PREZINTĂ:
INSTITUTUL TAVISTOCK PENTRU RELAŢII UMANE
Modelarea declinului moral, spiritual, cultural, politic și economic al Statelor Unite
John Coleman
Fără Tavistock, nu ar fi existat nici Primul, nici Al Doilea Război Mondial...
Secretele Institutului Tavistock pentru Relații Umane

OMNIA VERITAS
OMNIA VERITAS LTD PREZINTĂ:
LUPTĂM PENTRU PETROL
O istorie a războaielor petroliere ale SUA
JOHN COLEMAN
Povestea istorică a industriei petroliere ne poartă prin meandrele „diplomației".
Lupta pentru monopolizarea resursei râvnite de toate națiunile

OMNIA VERITAS
OMNIA VERITAS LTD PREZINTĂ:
O singură ordine mondială
DICTATURA SOCIALISTĂ
În toți acești ani, în timp ce atenția noastră era îndreptată spre atrocitățile comunismului de la Moscova, socialiștii de la Washington erau ocupați să jefuiască America!
JOHN COLEMAN
„Inamicul de la Washington este mai de temut decât cel de la Moscova".

www.ingramcontent.com/pod-product-compliance
Lightning Source LLC
LaVergne TN
LVHW011022061026
849535LV00006B/2016